2021—2022 年中国工业和信息化发展系列蓝皮书

2021—2022 年
中国智能制造发展蓝皮书

中国电子信息产业发展研究院 **编 著**

张 立 **主 编**

秦海林 **副主编**

電子工業出版社
Publishing House of Electronics Industry
北京 · BEIJING

内 容 简 介

本书共 5 篇 25 章，展现了编写组对智能制造重点行业的洞察、对重点区域的分析及对代表企业的点评。

综合篇：探讨了世界主要国家的智能制造发展重点与具体做法；对中国智能制造的发展基础、发展特点进行分析和研究，并提出了发展建议。行业篇：针对新能源汽车、智能网联汽车、机器人、数控机床、商业航天、无人机、轨道交通装备、工业电商八大领域进行了深入分析，指出了行业发展存在的问题，提出了措施建议。区域篇：对北京市、上海市、浙江省、江苏省、广东省、安徽省、山东省、四川省的智能制造发展现状进行了分析。企业篇：以上海新时达电气股份有限公司、苏州绿的谐波传动科技股份有限公司、上海慧程工程技术服务有限公司、上海氯碱化工股份有限公司、珠海格力电器股份有限公司、深圳市雷赛智能控制股份有限公司为研究对象，系统剖析了各企业的智能制造发展概况，总结了经验与启示。展望篇：对中国智能制造发展趋势进行了整体展望，分析了智能制造各子行业的发展趋势。

图书在版编目（CIP）数据

2021—2022 年中国智能制造发展蓝皮书 / 中国电子信息产业发展研究院编著；张立主编. —北京：电子工业出版社，2022.11
（2021—2022 年中国工业和信息化发展系列蓝皮书）
ISBN 978-7-121-44571-2

Ⅰ. ①2… Ⅱ. ①中… ②张… Ⅲ. ①智能制造系统－制造工业－工业发展－研究报告－中国－2021-2022 Ⅳ. ①F426.4

中国版本图书馆 CIP 数据核字（2022）第 219420 号

责任编辑：秦　聪
印　　刷：北京虎彩文化传播有限公司
装　　订：北京虎彩文化传播有限公司
出版发行：电子工业出版社
　　　　　北京市海淀区万寿路 173 信箱　　邮编：100036
开　　本：720×1 000　1/16　印张：11.75　字数：225.6 千字　彩插：1
版　　次：2022 年 11 月第 1 版
印　　次：2023 年 7 月第 3 次印刷
定　　价：218.00 元

凡所购买电子工业出版社图书有缺损问题，请向购买书店调换。若书店售缺，请与本社发行部联系，联系及邮购电话：（010）88254888，88258888。

质量投诉请发邮件至 zlts@phei.com.cn，盗版侵权举报请发邮件至 dbqq@phei.com.cn。

本书咨询联系方式：（010）88254568，qincong@phei.com.cn。

前言

智能制造是基于新一代信息技术与先进制造技术深度融合，贯穿设计、生产、管理、服务等制造活动的各个环节，具有自感知、自决策、自执行、自适应、自学习等特征，旨在提高制造业质量、效益和核心竞争力的先进生产方式。加快发展智能制造，是中国顺应新一轮科技革命、提高未来制造业全球地位的重要手段，是巩固实体经济根基、建成现代产业体系、建设创新型国家的必然选择，也是实现新型工业化、建设制造强国和网络强国、构建新发展格局、推进数字中国的关键所在。

世界处于百年未有之大变局，国际环境日趋复杂，全球科技和产业竞争更趋激烈，大国战略博弈进一步聚焦制造业。美国的“国家制造业创新网络”、德国的“工业 4.0”战略、英国的“工业 2050 战略”，都在着力推动智能制造发展，抢占全球制造业中的领先地位。自 2020 年以来，新冠肺炎疫情持续不断，全球劳动密集型制造业受到较大影响，由传统制造向智能制造演进是必然趋势。智能制造重塑了全球制造业的发展路径、技术体系和产业形态，推动了全球制造业进入新的发展阶段。

近十年来，中国智能制造取得了长足发展。一是市场供给能力有所提升，智能制造装备市场满足率超过 50%，营业收入超 10 亿元、专业水平较高的系统解决方案供应商数量超 40 家，系统集成能力有所提升；二是智能制造标准体系建设进一步完善，政府已发布285项国家标准，牵头制定28项国际标准，为制造业转型升级创造了良好的发展环境；三是智能制造推广应用取得初步成效，通过智能制造试点示范项目，相关企业生产效率平均提高45%、产品研制周期平均缩短35%、不良品率平均降低35%，涌现出多种智能制造新模式新业态，如离散型智能制造、流程型智能制造、网络协同制造、大规模个性化定制、远程运维服务等。

2021年年底，工业和信息化部等八部门联合印发《“十四五”智能制造发展规划》，指出“十四五”及未来相当长一段时期，推进智能制造要立足制造的本质，紧扣智能特征，以工艺、装备为核心，以数据为基础，依托制造单元、车间、工厂、供应链等载体，构建虚实融合、知识驱动、动态优化、安全高效、绿色低碳的智能制造系统，推动制造业实现数字化转型、网络化协同、智能化变革。到2025年，规模以上制造业企业大部分实现数字化网络化，重点行业骨干企业初步应用智能化；到2035年，规模以上制造业企业全面普及数字化网络化，重点行业骨干企业基本实现智能化。为达成这一目标，中国需要深入实施智能制造，积极发展数字化、网络化、智能化技术，推动产业技术变革和优化升级，减少资源能源消耗，助力碳达峰碳中和，促进中国制造业迈向全球价值链中高端。

2022年是进入全面建设社会主义现代化国家，向第二个百年奋斗目标进军新征程的重要一年。全球新冠肺炎疫情防控仍然面临不确定性，供需失衡严重，货物贸易增速缓慢，通货膨胀加剧，经济复苏势头放缓，全球产业链供应链面临重构，国际竞争更趋激烈。同时，中国制造业的综合竞争力与世界一流水平相比还存在差距，高端供给能力不足，创新能力有待提升，产业链供应链稳定面临挑战、资源环境要素约束趋紧等问题凸显。基于对上述问题的思考，中国电子信息产业发展研究院编著了《2021—2022年中国智能制造发展蓝皮书》。本书分五部分，分别是综合篇、行业篇、区域篇、企业篇、展望篇，全面分析了国际、国内的智能制造发展进程和问题，展望了智能制造发展趋势，并提出了相应的建议和对策。

综合篇：探讨了世界主要国家的智能制造发展重点与具体做法；对中国

智能制造的发展基础、发展特点进行分析和研究，并提出了发展建议。

行业篇：针对新能源汽车、智能网联汽车、机器人、数控机床、商业航天、无人机、轨道交通装备、工业电商八大领域，对全球发展综述、中国发展概况、产业链各环节进行了深入分析，并指出了行业发展存在的主要问题，提出了措施建议。

区域篇：对北京市、上海市、浙江省、江苏省、广东省、安徽省、山东省、四川省的智能制造发展现状进行了详尽分析，分别阐述了各个地区的发展概况与主要特点，并总结各区域为推进智能制造发展而采取的关键举措。

企业篇：以上海新时达电气股份有限公司、苏州绿的谐波传动科技股份有限公司、上海慧程工程技术服务有限公司、上海氯碱化工股份有限公司、珠海格力电器股份有限公司、深圳市雷赛智能控制股份有限公司为研究对象，系统剖析了各企业的智能制造发展概况，总结了经验与启示。

展望篇：对中国智能制造发展趋势进行了整体展望，分析了智能制造各子行业的发展趋势。

目录

综　合　篇

行　业　篇

区　域　篇

企　业　篇

展　望　篇

综　合　篇

第一章

2021 年国际智能制造发展概况

第一节 世界主要国家持续推进智能制造，探索制造业智能化转型升级路径

世界各国仍在持续推进制造业转型升级，德国的“工业 4.0”战略、美国的《先进制造业国家战略计划》等均在持续推进。在受新冠肺炎疫情影响的环境下，各国更加强调增强供应链的稳定性，从供应链产业链角度开展多项工作推进智能制造发展。

一、德国

2021 年是德国提出“工业 4.0”的第十个年头，十年来，德国工业 4.0 进程不断加快，取得了一定成效，并持续推出“工业 5.0”。2021 年 1 月，欧盟委员会发布《工业 5.0：迈向可持续、以人为本和富有韧性的欧洲产业》，提出欧洲工业发展的未来愿景，与 2020 年 9 月发布的《工业 5.0 的使能技术》形成呼应联动。但纵观近十年德国工业 4.0 的进展，与实现当初的预期目标仍有一段距离。相关报告指出，欧元区制造业数据下滑的主要原因之一，是欧洲最大经济体德国的制造业状况正在迅速恶化。

二、美国

2021 年 2 月，美国以识别本国关键产业中的供应链短板为目的，对供应链进行“百日审查”，并采取了针对性措施。2021 年 6 月 8 日，美国白宫发布了《建立弹性供应链，振兴美国制造业和促进广泛增长》的“百日审查”

报告，对半导体制造和先进封装、大容量电池、关键矿物和材料、药品及药物活性成分四类关键产品的供应链进行全面审查，分析各产品供应链的现状和潜在风险，并针对加强供应链弹性管理提出具体建议。

三、日本

2021 年，日本发布《日本制造业白皮书》（2021 年版），围绕加强供应链韧性、绿色增长战略及深化数字化转型等方面开展工作。同时，日本认为受新冠肺炎疫情和中美贸易摩擦等因素影响，有必要重新构建全球供应链，强调在电子化和脱碳化进程加快的背景下，半导体、蓄电池等关键零部件领域构建坚固的供应链直接关系到国际竞争力的提升。

第二节　世界主要国家注重中小企业智能化转型升级

中小企业是诸多国家经济增长的重要载体，中小企业智能化程度代表了国家工业经济的发展潜能。近年来，多国积极推进中小企业智能化转型升级，取得了一定成效。

一、德国

德国拥有一大批“隐形冠军”企业，并十分注重构建以其为根基的制造业体系，强调中小企业是工业 4.0 的主要实施者。为了进一步助力中小企业实施工业 4.0，促进中小企业智能化升级，德国机械设备制造商业联合会（VDMA）、KIT 生产技术研究所（WBK）、达姆施塔特工业大学计算机集成设计（DIK）研究所等单位共同编制了《中小企业工业 4.0 实施指南》，为中小企业提供发展工业 4.0 商业模式的工具，支持实现其工业 4.0。2020 年，德国政府启动的“数字・现在”计划，是针对中小企业数字化建设而设立的资助计划的补充项目，2021 年，该项预算从 5700 万欧元增至 1.14 亿欧元，支持员工人数为 3～50 名的中小企业进行数字化培训。

二、美国

美国长期以来一直重视中小企业发展。1953 年，联邦政府成立中小企业管理局（SBA），关注中小企业发展。1982 年，美国根据《小企业创新发展法》建立“小企业创新研究计划”（SBIR），通过竞争性创新资助，鼓励小企业开展技术创新，参与有商业化潜力的研究与开发工作。近年来，美国商务部、能源部等 11 个联邦机构加入美国小企业创新研究计划（SBIR），SBIR 资金在联邦机构非本单位使用的研发预算中的占比逐步上调。2018 年，美国发布《美国先进制造领先战略》，强调智能制造应连接中小企业，并创建生态系统，具体措施包括向中小企业开放生产设施、专用设备及技术咨询援助，以帮助中小企业应对所面临的挑战。

三、日本

日本经产省为制定了业务持续规划（BCP）的 2 万多家中小企业提供资金支持。此前，日本政府确定了“经济增长战略行动计划”，提出对中小企业主提供税收优惠，对扩大规模的企业提供财政补助和金融支援，修改了《中小企业基本法》等相关法律，放宽资本金标准，扩大对中小企业的定义范围，使更多企业能够享受这项优惠，以此促进企业新陈代谢，提高中小企业竞争力。

第三节　世界主要国家龙头企业持续探索新技术，拓展智能制造新模式

2021 年，多家国际龙头企业全面实现研发设计、生产制造、营销销售、售后服务等环节和场景在虚拟空间中的部署，通过打通虚拟空间和现实空间实现实体工业的改进和优化，形成全新的制造和服务体系，实现降低成本、提高生产效率、高效协同的目的，促进实体工业高质量发展。

一、德国

近年来，德国西门子公司关注数字孪生在工业领域的应用，自 2007 年开始频繁收购工业软件企业，2012 年，西门子收购全球领先的 CAE 厂商 LMS，启动在仿真领域的布局，之后又收购 Camstar（MES）、Mentor Graphics（EDA）、CD-adapco（CAE）等企业。西门子还研发了数字孪生开发平台 Simcenter，用以支持客户在数字化转型中的各类创新活动。目前，西门子仍在数字孪生赋能工业领域持续探索。2022 年 6 月，西门子将旗下的数字业务平台 Xcelerator 与英伟达 Omniverse 平台结合，形成数字与现实世界精准映射的数字孪生，并将软件定义的人工智能系统从边缘侧连接到云端。

二、美国

2012 年，美国通用电气公司提出工业互联网，自此掀起全球工业互联网建设浪潮。2021 年，英伟达推出虚拟协作平台 Omniverse（元宇宙平台），从 3D 图形设计和仿真切入数字孪生领域，并将工业应用与元宇宙平台结合。目前，英伟达已和宝马达成合作，宝马引入 Omniverse 平台协调 31 座工厂的生产，“由虚向实”指导宝马各环节优化，有望将宝马的生产规划效率提高 30%。

美国在区块链技术与工业领域融合方面也走在国际前沿。2021 年，德国企业 3YOURMIND 宣布加入世界经济论坛北美地区先进制造中心（AMHUB）Automation Alley 的 DIAMOnD 项目，将从密歇根州开始启动美国先进制造业的数字化转型，建立大型区块链增材制造机器网络（由 300 台打印机组成的分布式制造网络）。 DIAMOnD 项目是美国为了对抗因新冠肺炎疫情暴露出的传统制造和供应链网络的重大弱点而设立的项目，致力于使制造商能够通过庞大的增材制造网络，以具有竞争力的价格和灵活多样的供应链生产零件，进一步促进制造业智能化升级。

三、日本

当前，日本企业已经启动了数字孪生、区块链等新技术赋能各产业的研究和应用。2021 年，日本三菱电机基于数字孪生理念，利用“三菱多维设施设备管理系统”（MDMD），在三维虚拟空间中再现公路和铁路沿线情况，减少现场工作，支持信息共享，开展设施/设备维护支持服务。在 3D 虚拟空间中，研究间隔距离和安装空间、计算布线长度、检查干扰等。同时，可以在虚拟空间中确认检查履历、劣化程度、变形记录等与维修相关的信息，工程师无须亲临现场即可根据长期变化制订维修计划。目前，三菱电机已经将该项技术应用于工业、城市建设与运营等多个领域，随着技术的不断成熟，日本企业将在数字孪生赋能产业方向探索更多的场景和应用，持续推动新技术的发展。

第二章

2021 年中国智能制造发展概况

第一节　发展基础

一、中国智能制造相关产业规模持续扩大

2021 年，中国工业增加值达到 37.26 万亿元，同比增长 9.6%；高技术制造业增加值同比增长 18.2%，高于规上工业平均水平 8.6 个百分点，对规上工业增长的贡献率为 28.6%。经过长期的探索和部署，2021 年中国智能制造相关产业规模达到 2.25 万亿元，同比增长 10.6%（见图 2-1）。智能制造相关产业包括关键基础零部件、智能化高端装备、智能测控装置、重大集成智能装备、智能制造系统集成、智能服务、工业互联网七个部分。

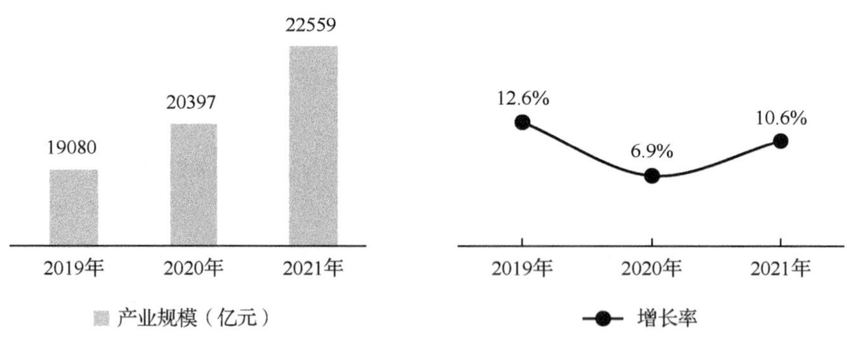

图 2-1　2019—2021 年中国智能制造相关产业规模及增长率

数据来源：赛迪顾问，2022 年 2 月

二、中国智能制造发展成效显著

近年来，通过观念普及、创新驱动、标准建设、试点示范等举措，中国

智能制造发展进入“由点及面、以链成圈”系统推进和深化应用的新阶段。截至 2021 年年底，中国工业企业关键工序数控化率达 55.3%，数字化研发设计工具普及率达 74.7%，比 2012 年分别提高 30.7 个和 25.9 个百分点；工业企业经营管理数字化普及率达 70.9%，比“十三五”初期增长 16 个百分点。工业互联网平台作为实现智能制造的重要基础，发展成效显著，具有一定区域和行业影响力的工业互联网平台超过 100 家，平台连接的工业设备数量达到 7600 万台套，平台汇聚的工业 App 数量突破 59 万个，平台服务的工业企业达 160 万家。

三、智能制造相关政策助力行业发展

2021 年是“十四五”开局之年，各级政府贯彻落实《中华人民共和国国民经济和社会发展第十四个五年规划和 2035 年远景目标纲要》精神，深入实施制造强国战略，出台多项政策加强产业基础能力建设、提升产业链供应链现代化水平、推动制造业优化升级。工业和信息化部等部门围绕网络、数据中心等基础设施先后出台《“双千兆”网络协同发展行动计划（2021—2023 年）》《新型数据中心发展三年行动计划（2021—2023 年）》《物联网新型基础设施建设三年行动计划（2021—2023 年）》等政策，加速智能制造相关新型基础设施建设。《“十四五”智能制造发展规划》对中国“十四五”期间智能制造发展重点作出详细部署，提出要立足制造本质，紧扣智能特征，以工艺、装备为核心，以数据为基础，依托制造单元、车间、工厂、供应链等载体，构建虚实融合、知识驱动、动态优化、安全高效、绿色低碳的智能制造系统，推动制造业实现数字化转型、网络化协同、智能化变革。同时，多项“十四五”规划对制造业数字化、网络化、智能化转型升级作出部署。《“十四五”信息化和工业化深度融合发展规划》全面部署制造业数字化转型行动，关注重点行业领域数字化转型路线图；《“十四五”促进中小企业发展规划》布局中小企业数字化促进工程，提出推动中小企业智能化升级，深化新一代信息技术与先进制造业深度融合，着力推进智能制造，促进中小企业生产过程柔性化及系统服务集成化（见表 2-1）。

表 2-1 2021 年中国智能制造发展相关政策

发布时间	颁布主体	政策名称
2021 年 1 月	工业和信息化部	《工业互联网创新发展行动计划（2021—2023 年）》

续表

发布时间	颁 布 主 体	政 策 名 称
2021 年 3 月	工业和信息化部	《“双千兆”网络协同发展行动计划（2021—2023 年）》
2021 年 7 月	工业和信息化部、科技部等六部门	《关于加快培育发展制造业优质企业的指导意见》
2021 年 7 月	工业和信息化部	《新型数据中心发展三年行动计划（2021—2023 年）》
2021 年 9 月	工业和信息化部、中央网络安全和信息化委员会办公室等八部门	《物联网新型基础设施建设三年行动计划（2021—2023 年）》
2021 年 11 月	工业和信息化部办公厅、国家发展改革委办公厅、财政部办公厅、市场监督管理总局办公厅	《关于开展 2021 年度智能制造试点示范行动的通知》
2021 年 11 月	工业和信息化部	《“十四五”信息化和工业化深度融合发展规划》
2021 年 11 月	工业和信息化部、国家标准化管理委员会	《国家智能制造标准体系建设指南（2021 版）》
2021 年 12 月	工业和信息化部、国家发展和改革委员会等十九部门	《“十四五”促进中小企业发展规划》
2021 年 12 月	工业和信息化部、国家标准化管理委员会	《工业互联网综合标准化体系建设指南（2021 版）》
2021 年 12 月	工业和信息化部、国家发展和改革委员会等八部门	《“十四五”智能制造发展规划》
2021 年 12 月	工业和信息化部、国家发展和改革委员会等十五部门	《“十四五”机器人产业发展规划》

数据来源：赛迪顾问，2022 年 2 月。

第二节　发展特点

一、“十四五”规划明确智能制造发展重点

2021 年，中国智能制造发展正式迈向新阶段，随着《“十四五”智能制造发展规划》的正式发布，中国智能制造相关产业在“十四五”期间的发展重点得到明确。“十四五”期间，中国智能制造将完善全链条要素支撑，对基础设施建设、安全保障体系、智能制造装备、工业软件等智能制造各环节发展方向作出明确要求。另外，“智能制造示范工厂建设行动”将打造智能场景、智能车间、智能工厂和智慧供应链，着力推动“场景—车间—工厂—

供应链”的智能化改造，希望通过多类工业场景的智能化沉淀出相对标准的解决方案。工业和信息化部开展 2021 年度智能制造试点示范行动，评选智能制造示范工厂和智能制造优秀场景，为各类型制造业企业提供可借鉴、可复制的试点示范，助力制造业企业数字化、网络化、智能化转型升级。

二、智能制造成为数字经济的重要战场

当前，数字经济蓬勃兴起，为中国制造业带来产业数字化发展契机。一方面，新一代信息技术与制造业加速融合，助力智能制造发展提速。5G 发挥其大宽带、低时延、大连接的优势，被广泛应用于设备管理、故障诊断、质量管理等智能制造的各个环节；人工智能在产品表面检测、能耗管理、设备预测性维护等典型工业场景中的应用潜力得到凸显；云计算与边缘计算紧密协同，能够更加敏捷、实时、安全地处理和分析工业数据。另一方面，中国制造业产业数字化转型取得新成效，数字化网络化智能化水平已经得到显著提升，涌现出离散型智能制造、流程型智能制造、网络协同制造、大规模个性化定制、远程运维服务等新模式新业态。作为中国经济发展的主导力量，智能制造逐步成为中国数字经济发展的重要战场。

三、工业机理模型库助力智能制造发展水平提升

工业机理模型库沉淀了各行业、各领域的知识和经验，因此，将工业现场的经验型知识转化为数据，基于机器学习反复学习并模拟，为生产工艺作出指导，是进一步提升中国智能制造水平的重要着力点。制造业各行业、各领域企业应该基于生产数据建立工业机理模型库，解决方案供应商应针对其优势行业搭建工业机理模型库，推动基础工艺、控制方法、运行机制等工业知识的软件化、模型化。政府部门应联合行业协会、联盟等组织，建立知识共享机制，企业之间应加强联动合作，避免企业重复建设和资源重复消耗。

第三节　发展建议

一、注重智能制造全产业链条同步发展

智能制造是贯穿制造活动各个环节的庞大体系，旨在提高制造业质量、效益和核心竞争力，需要信息基础设施、关键技术装备、核心支撑软件等要素集成应用。当前，中国智能制造相关产业发展水平不均，前期工业互联网

平台相对于其他产业推进力度较大，因此中国工业互联网平台发展迅速，但工业软件、关键基础零部件、关键工艺等领域仍然落后于部分发达国家。建议各级政府着力推进智能制造全链条全要素发展，大力支持工业软件、关键基础零部件等弱势环节研发，加快完善新型网络基础设施、算力基础设施等信息基础设施建设，加强智能制造安全保障体系建设，为中国智能制造体系筑基固本。

二、加快提升中小企业智能制造水平

中小企业是中国经济社会发展的重要力量。当前，中国制造业中小企业仍然面临智能化转型意识不足、资源匮乏等问题。加强示范引领、资源注入，是加速提升中国制造业中小企业智能制造程度的有效措施。一方面，应将有条件的中小企业打造成智能制造应用试点示范，围绕生产、管理、产品、服务等环节打造智能场景、智能车间或智能工厂，为中小企业提供可学习借鉴的案例。另一方面，应支持解决方案供应商针对中小企业共性需求搭建资源和能力共享平台，以形成轻量级、低成本、标准化的解决方案，使中小企业通过观摩学习、使用体验等形式，在有限的资源条件下提升智能制造水平。

三、夯实智能制造基础工艺和基础领域

长期以来，中国相对于基础科学研究更加重视应用科学研究，应用科学研究成果的不断涌现促成了中国经济的快速增长，但由于基础科学研究水平不足、创新能力不足等造成中国在基础零部件及元器件、基础软件、基础材料、基础工艺和产业技术基础等工业基础领域较为薄弱，与世界强国具有较大差距。例如，在研发设计类工业软件领域，中国企业与发达国家企业在技术水平和市场认知方面还有差距。面对这一形势，中国必须加快补齐工业基础短板，打好产业基础高级化、产业链现代化攻坚战，提高产业链供应链稳定性和竞争力，不断提升智能制造水平，推动制造业高质量、可持续发展。

四、提升制造业企业智能制造人才吸引力

长期以来，制造业利润薄、工作环境差等印象在大众心中根深蒂固，导致制造业与服务业相比，在“抢人大战”中不具备优势，造成智能制造高端人才流入互联网行业、技术工人流向技能要求低的服务业。为解决这一问题，本书提供三条建议：一是制造业企业要充分发挥技术人才在企业中的骨干作

用，打通技术人才的晋升通道，为技术人才提供更多机会；二是通过智能制造优化工作环境、缩短工作时间、提高薪酬待遇，让技术工人得到更多的社会认同与尊重；三是借助媒体宣传、校企联动参观等渠道，让社会了解智能制造下的制造业薪资待遇、工作环境等方面均有提升，引导高端人才和技术工人流入制造业。

行　业　篇

第三章

新能源汽车

汽车制造业始终是智能制造的主要应用领域。2021 年，全球汽车销售回暖，电动化步伐加快。作为现阶段最适合进行智能化的载体，新能源汽车产业将进入技术升级的良性竞争时代，产业规模有望进一步扩大。随着新能源汽车销量的快速增长，新能源汽车制造领域的数字化转型、智能化升级趋势明显，在政策引导和市场需求的双重推动下，中国新能源汽车整车及零部件企业充分运用智能化、数字化技术，将智能制造融入自身各个环节，加快推动自身在全价值链中的创新变革。

第一节　全球发展综述

一、全球汽车市场回暖，新能源汽车销量快速增长

2021 年全球汽车销售回暖，总销量超 8000 万辆，同比小幅增长 4.0%。其中，新能源汽车表现亮眼，全球新能源汽车全年销量累计 662.5 万辆，同比增长 109.0%（见图 3-1）。

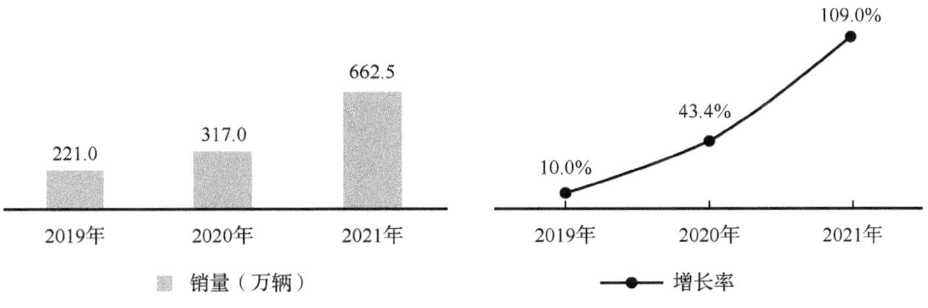

图 3-1　2019—2021 年全球新能源乘用车销量与增长率

数据来源：赛迪顾问，2022 年 2 月

二、纯电动汽车在市场结构中占比最高

从新能源汽车市场产品结构来看，纯电动汽车销量为498.1万辆，占新能源汽车总销售量的75.2%，为近10年纯电动汽车市场销量的最高点，插电式混合动力汽车和燃料电池汽车合计销量为164.4万辆，合计市场份额为24.8%（见图3-2）。

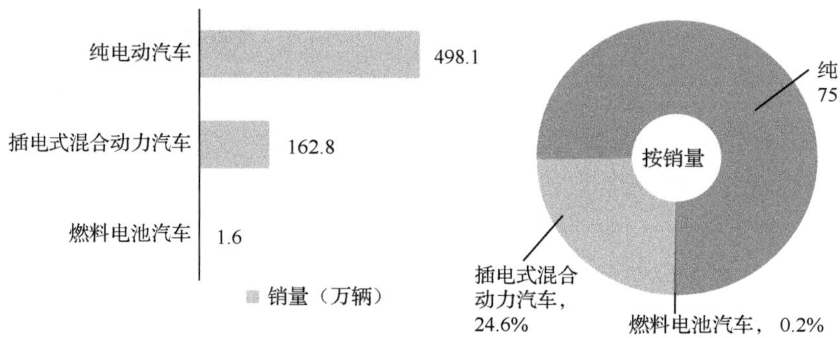

图3-2　2021年全球新能源汽车市场产品结构

数据来源：赛迪顾问，2022年2月

三、中国新能源汽车市场全球占比最高

全球新能源汽车市场主要集中在中国、欧洲、美国等国家和地区。中国作为全球新能源汽车消费市场份额最大的国家，在销量方面已连续7年位列全球第一，2021年中国新能源汽车消费市场的全球市场份额达到53.1%，欧洲新能源汽车消费市场蝉联第二，全球市场份额达到33.7%。美国新能源汽车消费市场排名第三，全球市场份额达到9.2%（见图3-3）。

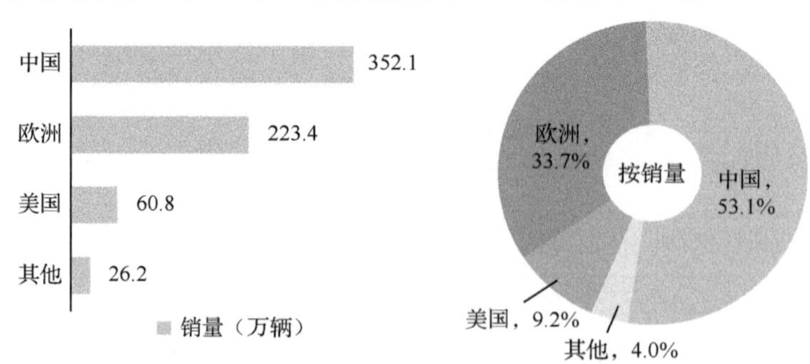

图3-3　2021年全球新能源汽车市场区域结构

数据来源：赛迪顾问，2022年2月

四、全球各国在新能源汽车领域各有所长

从新能源汽车产业链上游来看，电池、电机、电控是新能源汽车的核心技术。在电池方面，2021 年，全球动力电池装机量为 296.8GWh，其中，中国、韩国、日本三国动力电池装机量占全球动力电池装机量的比重分别为 53.1%、29.5%、17.4%。在驱动电机方面，美国、日本和德国的全球市场份额领先。在电控方面，目前新能源汽车电控系统相关技术已基本成熟，德国、美国和日本企业目前在电控系统关键组件 IGBT 产品上具有较强话语权。

第二节　中国发展概况

一、多方政策助推新能源汽车产业蓬勃发展

近年来，围绕新能源汽车及其相关产业，中国先后出台了《新能源汽车产业发展规划（2021—2035 年）》《新能源汽车动力蓄电池梯次利用管理办法》等指导性政策，进一步明确了中国新能源汽车产业的发展路径、发展目标和发展计划（见表 3-1）。各省级人民政府迅速跟进，围绕新能源汽车产业发布了多项产业促进政策，2021 年，北京、上海、天津、浙江、江苏、福建、广东、重庆等超过 20 个省（自治区、直辖市）紧跟国家政策，并结合本地基础发布了新能源汽车产业相关规划。

表 3-1　中国新能源汽车产业主要政策（国家层面）

颁布时间	颁布主体	政策名称
2021 年 8 月	工业和信息化部、科技部、生态环境部、商务部、市场监管总局	《新能源汽车动力蓄电池梯次利用管理办法》
2021 年 6 月	工业和信息化部	《2021 年汽车标准化工作要点》
2021 年 3 月	工业和信息化部、农业农村部办公厅、商务部办公厅、国家能源局综合司	《关于开展 2021 年新能源汽车下乡活动的通知》
2020 年 10 月	国务院办公厅	《新能源汽车产业发展规划（2021—2035 年）》

数据来源：有关部门、赛迪顾问，2022 年 1 月。

二、中国新能源汽车产业规模快速增长

全球多国将发展新能源汽车作为应对气候变化、优化能源结构的重要战略举措，中国的表现最为突出。2021 年，中国汽车产量达到 2606.6 万辆，其中，新能源汽车产量为 354.5 万辆，同比增长 159.5%，占全国汽车产量的 13.6%（见图 3-4）。

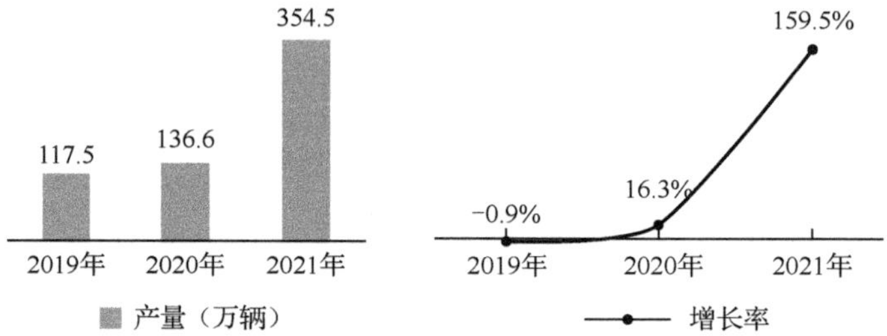

图 3-4　2019—2021 年中国新能源汽车产量与增长率

数据来源：赛迪顾问，2022 年 2 月

三、新能源乘用车依然是新能源汽车主力

2021 年，中国消费者对新能源汽车的认可程度逐步提升，推动中国新能源汽车产业快速发展。在乘用车方面，新能源乘用车实现年产量 335.9 万辆，占新能源汽车总产量比重高达 94.8%。在商用车方面，新能源商用车全年产量为 18.6 万辆，占总产量比重为 5.2%（见图 3-5）。

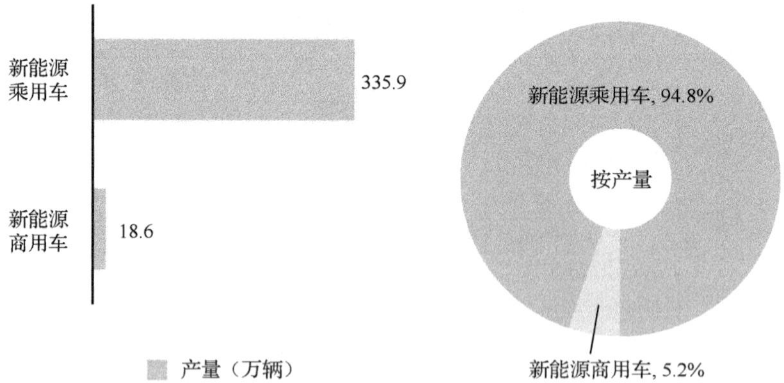

图 3-5　2021 年中国新能源汽车产业结构

数据来源：赛迪顾问，2022 年 2 月

四、中南、华东地区产量占全国总产量比重超过八成

2021年，中南、华东地区是中国新能源汽车集聚度最高的两个地区，两地新能源汽车产量总计292.0万辆，占全国新能源汽车总产量比重为82.4%。具体来看，在中南地区中，广东、广西两地新能源汽车产量分别达到53.5万辆、48.2万辆，占中南地区新能源汽车产量比重达到60%；在华东地区中，上海、安徽两地新能源汽车产量分别达到63.2万辆、25.2万辆，占华东地区新能源汽车产量比重超过70%（见图3-6）。

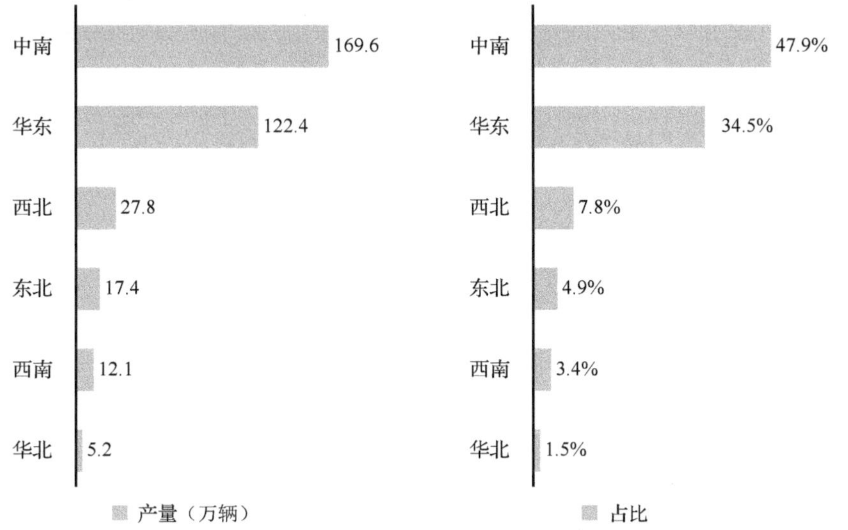

图3-6 2021年中国新能源汽车产量区域结构

数据来源：赛迪顾问，2022年2月

第三节 产业链分析

新能源汽车产业链主要分为上游零部件环节、中游整车制造环节以及下游后服务市场环节。上游零部件主要由动力电池、驱动电机、电控系统等核心配件构成，其中，动力电池是新能源汽车的“心脏”，其所需成本在新能源汽车整车成本中占比超过40%，动力电池主要由电芯和电池管理系统构成；中游整车制造是新能源汽车产业链中的核心环节，新能源汽车按用途可以分为乘用车和商用车，两者均可采用纯电动、插电式混合动力或燃料电池技术；下游后服务市场主要包括充换电服务、智能网联及共享出行、汽车金

融、汽车销售等其他配套服务（见图 3-7）。

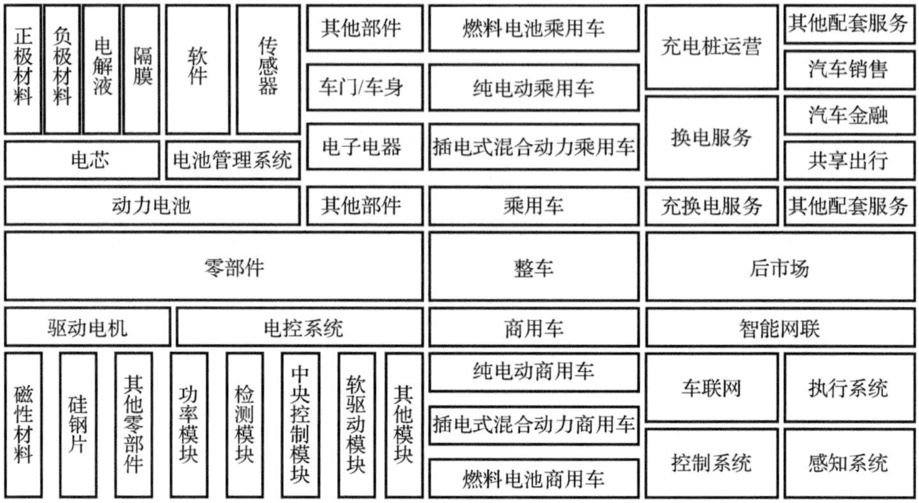

图 3-7　新能源汽车产业链图

数据来源：赛迪顾问，2022 年 2 月

一、动力电池

动力电池的生产研发是新能源汽车产业链的强相关环节，2021 年，得益于中国新能源汽车产销量的快速增长，动力电池制造厂商在叠加动力电池能量密度、循环寿命等方面的技术快速提高，多种因素共同推动中国动力电池装机量大幅提升，2021 年中国动力电池装机量达到 157.7GWh，同比增长 148.0%，与中国新能源汽车产量增速接近（见图 3-8）。

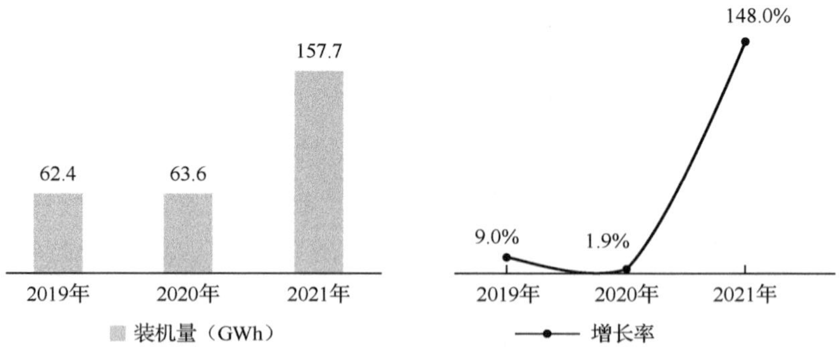

图 3-8　2019—2021 年中国动力电池装机量与增长率

数据来源：赛迪顾问，2022 年 2 月

二、充换电服务

中国新能源汽车数量的持续增加，加快带动了充换电服务发展。目前，充换电服务主要包括换电服务和充电桩运营两个方面，2021 年，中国新能源汽车充电桩保有量为 261.7 万台，车桩比约 3∶1，尚无法充分满足新能源汽车的使用要求，在此情况下，吉利、广汽、蔚来、比亚迪等车企加快布局新能源汽车换电模式，促进换电服务与充电桩运营形成良好联动（见图 3-9）。

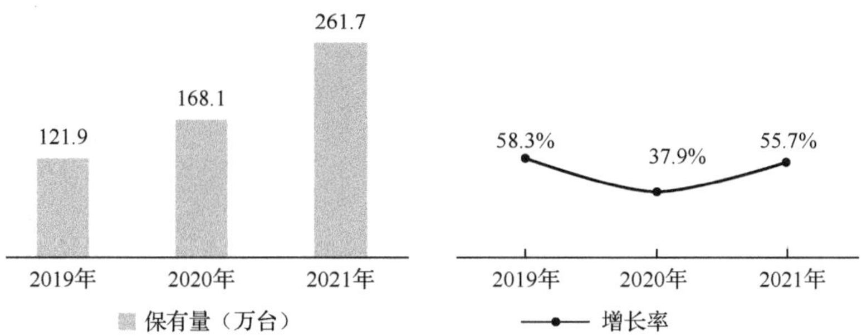

图 3-9　2019—2021 年中国充电桩保有量与增长率

数据来源：赛迪顾问　2022 年 2 月

第四节　存在的问题

一、新能源汽车产能趋于过剩

近年来，一方面，传统汽车制造企业纷纷提出跨越式的产销增长计划，宣布其产业结构加速优化，进军新能源汽车市场；另一方面，互联网、房地产等行业的头部企业逐渐开始以资本的形式，跨界进入新能源汽车领域。2022 年 1 月，中国正式取消外资在华乘用车制造股比限制及投资企业数量限制，互联网、消费电子等诸多业界外企业和大量资本正争相涌入智能网联与新能源汽车产业。截至 2021 年年底，国内新能源汽车规划总产能已超 3500 万辆，而 2021 年中国新能源汽车产量为 354.5 万辆，规划产能已远远超过乘用车市场体量，无效、低消产能严重过剩，面对逐步由蓝海市场走向红海市场的新能源汽车市场，从粗放扩张走向高质量发展成为行业的首要选择。

二、缺“芯”少“锂”情况日益突出

在新一轮科技革命、新冠肺炎疫情、大国博弈等多重因素影响下，全球汽车产业供应链体系逐步分化重构。在此背景下，中国新能源汽车缺“芯”少“锂”的情况日益突出。在锂材料方面，锂是制造动力电池所需的材料，伴随着新能源汽车销量的不断增加，上游原材料价格出现快速增长趋势，以碳酸锂为例，2020 年其价格约 4 万元/吨，但 2021 年上涨至近 50 万元/吨，持续上涨的原材料价格，或将进一步带来供应危机。在芯片方面，以车规级芯片为例，在新冠肺炎疫情、汽车行业需求与芯片产业周期出现“错配”等因素的影响下，全球半导体产业链出现不同程度的产能利用率下降，汽车产业面临严重的车载芯片供给问题，国内汽车品牌如上汽大众、长安、蔚来、长城汽车等纷纷表示受制于芯片断供而不得不缩减产能，甚至停工停产，严重影响了汽车产品整体交付量。

三、充电基础设施建设不足

保有量快速增长的新能源汽车需要与之相配套的充电桩，需求的增长加上国家相关充换电基础设施建设补贴政策的不断出台，新能源汽车充换电行业驶入发展快车道。伴随着中国新能源汽车保有量不断增长，新能源汽车车桩比从 2015 年的 8∶1 下降至 2021 年的 3∶1，但这一比例仍无法满足新能源汽车的使用需求，在高速充电、小区充电两大场景中，充电基础设施不足的问题尤为突出。未来，随着中国新能源汽车保有量不断增加，车多桩少的矛盾将会进一步加剧，甚至影响新能源汽车的整体发展。

第五节　措施建议

一、加强政府监督管理和市场引导

科技企业入局新能源汽车领域后，资本或将大量进入，新能源汽车行业竞争将进一步加剧。在此背景下，政府亟待做好监管与引导工作，通过采取规范竞争行为、监管资本使用、健全产品标准体系、保障用户数据安全，以及保护消费者合法权益、完善充电配套设施和动力电池回收等有力举措，防止出现竞争混乱、资金无序投放、借机洗钱投机等扰乱新能源汽车行业健康发展的问题。

二、支持新能源汽车产业协同发展

随着科技企业不断融入新能源汽车产业，越发多元化和复杂化的新能源汽车产业更需要构建一个基础设施完善、标准统一规范、人才供给充足、政策环境良好、企业互利共赢的新能源汽车产业生态体系。政府应引导建立科技企业、造车新势力和传统车企各领域龙头企业“领跑”，中小企业“跟跑”的协同发展模式，推动完善供应商长期合作机制，形成涵盖解决方案、研发生产、使用保障和运营服务等关键环节的新能源汽车产业生态体系。

三、支持企业打造差异化发展路线

受政策导向影响，新能源汽车企业普遍在中高端新能源汽车市场发力，使得该领域的竞争异常激烈。但随着新能源汽车发展日益成熟，市场需求呈现多元化态势，因此，应积极引导新能源车企充分挖掘中国新能源汽车利基市场的消费潜力，围绕不同社会群体的用车需求（如围绕Z时代用户“皮卡文化”“国潮文化”）制定相应产品策略，进一步打造差异化发展路线。

第四章

智能网联汽车

智能网联汽车产业技术体系复杂、价值链较长，涉及多个战略性新兴产业，难以通过上中下游区分产业链。可从功能的角度出发，根据感知、决策、执行、联网、地图、云端及后市场七个维度对产业链进行划分。智能网联汽车产业目前处于发展初期，部分细分领域尚未形成产业规模，产业主要体现为高级驾驶辅助系统（ADAS）和车联网功能在汽车产品中的渗透及对后市场生态体系的探索。2021 年，智能网联汽车在全国多地实现常态化载人载物的测试和示范应用，产业规模保持上涨态势，从 2020 年的 2616.0 亿元增长至 2021 年的 4005.3 亿元，同比增长 53.1%。在经济全球化背景下，智能制造已经成了新的战略制高点，目前，中国汽车产量占世界汽车总产量的 1/4，中国正从汽车大国逐渐走向汽车强国，而智能制造也将成为其重要的助推器。汽车智能制造是以新一代信息通信技术为基础，与大数据、人工智能、5G、自动化等先进制造技术深度融合之后，具有自感知、自学习、自决策、自执行、自适应等智慧功能的新型生产方式。

第一节　全球发展综述

一、智能网联渗透率创新高

受新冠肺炎疫情、芯片短缺及原材料价格上涨等因素影响，2021 年德国、日本、韩国等国汽车产量下降，而中国作为全球最大的汽车生产国，汽车产量同比增长 3.4%，带动全球汽车产量从 2020 年的 7828.0 万辆增长至 7978.0 万辆，同比增长 1.9%（见图 4-1）。智能网联汽车已成为全球汽车产业发展的核心方向，L2 及以上级别功能的车辆普及率从 2020 年的 14.0%提升至 2021 年的 28.0%，车联网功能普及率从 2020 年的 35.0%提升至 2021 年的 48.0%（见图 4-2）。

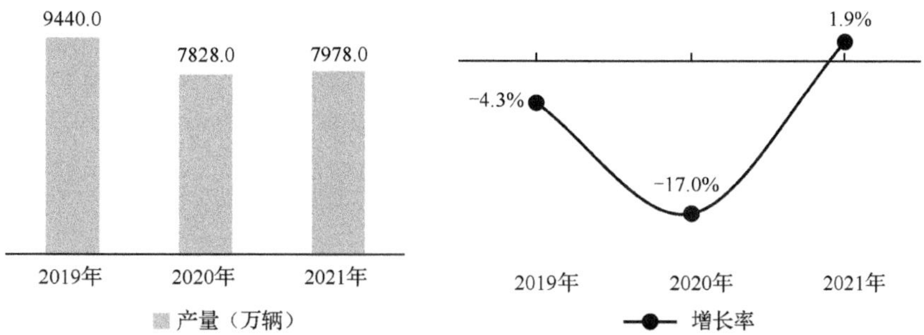

图 4-1　2019—2021 年全球汽车产量与增长率

数据来源：赛迪顾问，2022 年 2 月

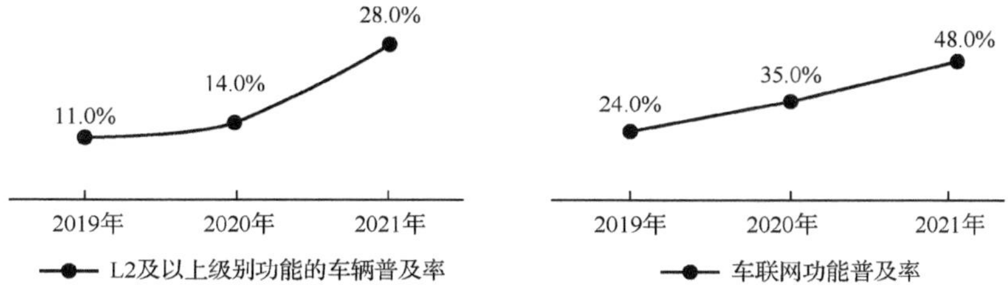

图 4-2　2019—2021 年全球智能网联功能普及率

数据来源：赛迪顾问，2022 年 2 月

目前，以美国、日本、欧盟等为代表的全球主要发达国家和地区纷纷加快推动智能网联汽车产业化进程，2019—2021 年全球智能网联汽车产业规模呈现连续上涨趋势，2021 年产业规模增长至 12010.0 亿美元，同比增长 12.3%（见图 4-3）。

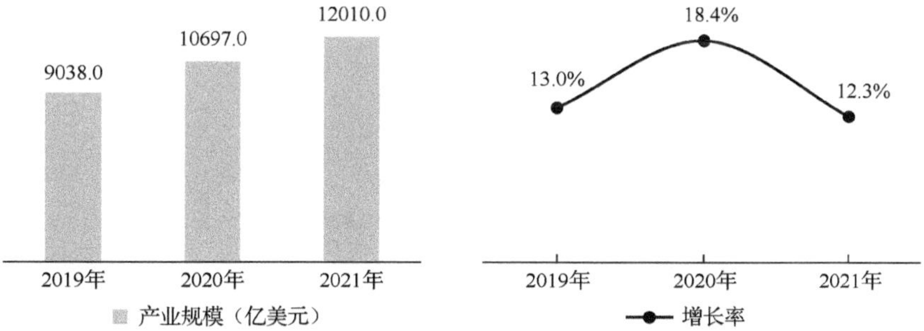

图 4-3　2019—2021 年全球智能网联汽车产业规模与增长率

数据来源：赛迪顾问，2022 年 2 月

二、感知环节产业规模占比最大

智能网联汽车涵盖感知环节、联网环节、决策环节、云端环节、地图环

节、执行环节、后市场环节。其中感知环节作为智能网联汽车产业最具代表性的核心环节，产业规模达到 2462.1 亿美元，占比最高，为 20.5%，其次为决策环节，其产业规模为 2402.0 亿美元，占比为 20.0%；云端环节产业规模最小，为 780.6 亿美元，占比为 6.5%（见图 4-4）。

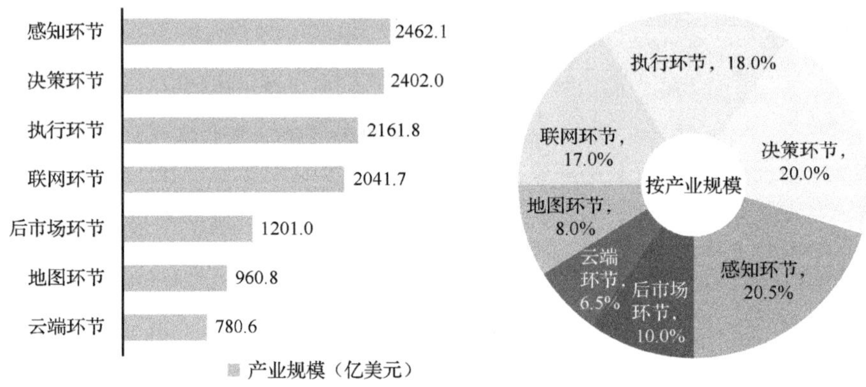

图 4-4　2021 年全球智能网联汽车细分环节产业规模结构

数据来源：赛迪顾问，2022 年 2 月

三、欧洲地区产业规模全球领先

近年来，欧洲通过绘制技术路线图、实施重大科技项目等方式集聚行业创新力量，持续关注智能网联汽车网络安全和数据安全。2021 年，欧洲各国加速完善法律法规，支撑 L3、L4 智能网联汽车商业化运营，推动产业高质量发展，产业规模达到 3278.7 亿美元，占全球产业规模的 27.3%，领先于全球其他区域（见图 4-5）。

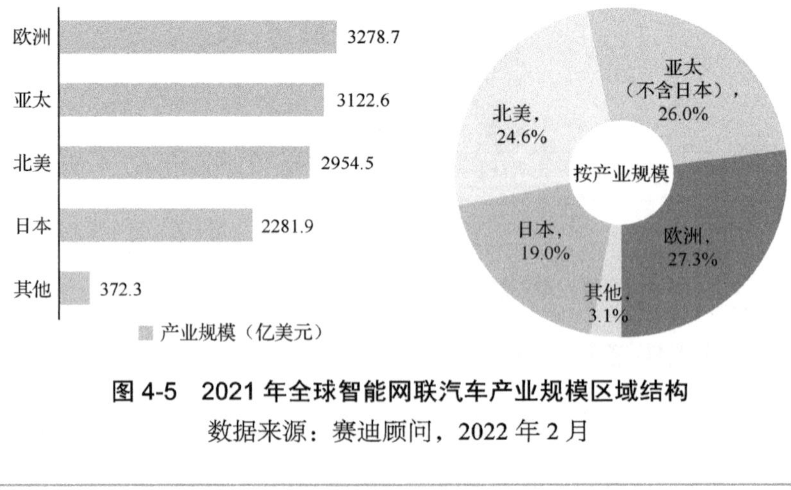

图 4-5　2021 年全球智能网联汽车产业规模区域结构

数据来源：赛迪顾问，2022 年 2 月

第二节　中国发展概况

一、国家政策驱动智能网联汽车产业快速发展

2021 年是“十四五”规划开局之年，也是中国汽车产业进入结构调整、转型升级、实现高质量发展的关键时期，电动化、智能化、网联化成为汽车产业发展的新机遇。智能网联汽车技术发展和应用是我国科技创新支撑加快建设交通强国的重要内容，中央及地方政府在政策层面陆续制定多项智能网联汽车产业发展政策，为产业发展营造了良好的政策环境（见表 4-1）。

表 4-1　中国智能网联汽车产业主要政策

颁布时间	颁布主体	政策名称
2019 年 7 月	交通运输部	《数字交通发展规划纲要》
2019 年 9 月	中共中央、国务院	《交通强国建设纲要》
2020 年 2 月	国家发展改革委、工业和信息化部等十一部门	《智能汽车创新发展战略》
2020 年 4 月	工业和信息化部、公安部、国家标准化管理委员会	《国家车联网产业标准体系建设指南（车辆智能管理）》
2020 年 11 月	国务院办公厅	《新能源汽车产业发展规划（2021—2035 年）》
2020 年 12 月	交通运输部	《关于促进道路交通自动驾驶技术发展和应用的指导意见》
2021 年 2 月	中共中央、国务院	《国家综合立体交通网规划纲要》
2021 年 3 月	工业和信息化部、交通运输部、国家标准化管理委员会	《国家车联网产业标准体系建设指南（智能交通相关）》
2021 年 5 月	住房和城乡建设部、工业和信息化部	《关于确定智慧城市基础设施与智能网联汽车协同发展第一批试点城市的通知》
2021 年 7 月	工业和信息化部、公安部、交通运输部	《智能网联汽车道路测试与示范应用管理规范（试行）》
2021 年 8 月	工业和信息化部	《关于加强智能网联汽车生产企业及产品准入管理的意见》
2021 年 9 月	工业和信息化部	《关于加强车联网网络安全和数据安全工作的通知》
2021 年 9 月	工业和信息化部	《关于加强车联网卡实名登记管理的通知》

续表

颁布时间	颁布主体	政策名称
2021年10月	交通运输部办公厅	《关于进一步做好交通强国建设试点工作的通知》
2021年11月	交通运输部办公厅	《关于组织开展自动驾驶和智能航运先导应用试点的通知》

数据来源：相关部门，赛迪顾问整理，2022年2月

二、新基建为智能网联汽车产业发展创造战略窗口期

5G基站、大数据中心、人工智能等新型基础设施建设将加速智能网联汽车商业化落地进程。以5G和大数据为例，5G网络通信技术具有超高速率、超大连接、超低时延、高可靠的特点，因此以5G为核心的网络基础设施建设可为基于移动蜂窝网络的V2X通信技术向基于5G网络的V2X通信技术过渡提供关键通信网络支撑，满足智能网联汽车严格的延时要求，使车辆迅速做出决策；智能网联汽车对系统安全性要求较高，需要保证信息的有效整合存储，同时实现分析预判，而大数据的云存储技术与数据挖掘技术可有效满足这一需求；在大数据方面，大数据云存储技术和数据挖掘技术可极大地提高智能网联汽车系统的安全性，并且，企业可利用大数据技术从多个角度分析用户需求，从而进一步提高企业经营效益。

三、新能源汽车全面助力智能网联汽车产业进入加速期

从车辆的动力控制角度来看，新能源汽车通过电控、电驱、电池控制车辆的动力系统，可为智能网联汽车提供更快的响应速度和更高的控制精度。从企业发展意愿来看，新能源汽车的供应链整合度更高，以蔚来为首的造车新势力企业具有更强的整车控制能力与创新能力，并且由于造车新势力的品牌影响力弱于传统车企，因此新能源汽车企业更有意愿通过提升汽车的"科技感"来吸引年轻用户群体。从车身结构来看，得益于三电系统设计，新能源汽车的车身零部件数量明显少于燃油汽车，整体结构更加简化，因此有更多的空间装配智能网联设备及模块。

四、完整的智能网联汽车产业链已初步形成

智能网联汽车对硬件产品性能及软件产品成熟度有较高要求，但其每一个细分环节均已有中国本地供应商布局。在核心价值链环节，国内已有部分

企业具备成为一级供应商，甚至 0.5 级供应商的实力，在核心算法、激光雷达、AI 芯片等领域已出现具备全球竞争潜力的本土企业。同时，本地企业不断丰富智能网联汽车应用场景，积极探索商业运营模式，已在 Robotaxi、城市公交、干线物流、港口、矿场、机场、环卫等智能网联汽车典型应用场景方面形成较为清晰的商业运营模式。

五、联网环节占比最高，产业规模突破 1000 亿元

在智能网联汽车产业中，联网环节涉及前装汽车电子和路侧基础设施建设，其中，中国的路侧基础设施建设规模处于国际领先地位，因此联网环节产业规模在中国智能网联汽车产业中占比最高，为 25.0%，产业规模为 1001.2 亿元。智能网联汽车需搭载多个雷达、摄像头等传感器以感知周围环境，以摄像头为例，目前，应用于智能网联汽车的摄像头主要有前视摄像头、环视摄像头、后视摄像头、侧视摄像头、内置摄像头等，单车传感器数量较多，因此感知环节产业规模较大，为 729.0 亿元，在中国智能网联汽车产业中占比为 18.2%（见图 4-6）。

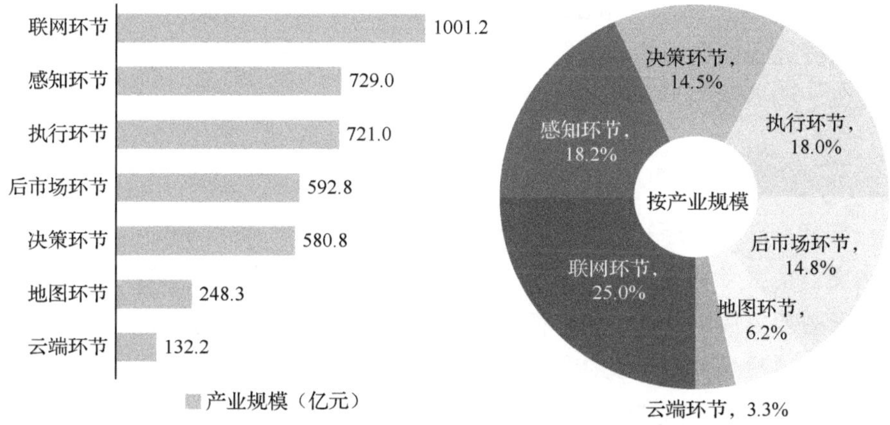

图 4-6　2021 年中国智能网联汽车细分环节产业规模结构

数据来源：赛迪顾问，2022 年 2 月

第三节　产业链分析

智能网联汽车产业可从功能的角度出发，根据感知、决策、执行、联网、地图、云端及后市场 7 个维度对产业链进行划分（见图 4-7）。感知环节是智

能网联汽车的基础环节，主要为决策环节和执行环节提供依据，其关键在于使智能网联汽车可更好地模拟人类感知能力，充分了解行驶环境。决策环节被称为智能网联汽车的“大脑”，主要负责处理感知模块采集的信息，同时进行车辆的驾驶决策。执行环节可直接决定智能网联汽车行驶的安全性和舒适性，相较迭代速度较快的部件，智能网联汽车执行系统与新能源汽车控制系统基本相同，正向线控化、集成化的方向发展。联网环节正从基于 3G、4G 蜂窝通信网络的汽车娱乐阶段向基于 4.5G、5GLTE 和 DSRC 等通信系统的汽车互联发展。地图环节主要包括路径规划和高精度地图，高精度地图主要应用于 L4、L5 自动驾驶，与传统地图相比，其定位精度更高、图层更丰富、更新实时性也更高。在云端环节中，车辆信息可由路侧基础设施采集后上传至云端，也可由无线通信网直接上传至云端，云端环节可结合地图、交管、气象等信息为车辆增强安全性、节约能耗、提升区域交通效率提供服务。后市场环节的运营服务可以为用户提供网约车、共享汽车等服务，为用户打造安全、高效的智慧出行体验，并有效解决车辆利用效率低和交通拥堵的问题。测试认证是从多维度、多角度对智能网联汽车进行测试，包括实车道路测试、公开道路测试、功能安全测试、网络安全测试、仿真测试。智能网联汽车行驶过程中产生的数据经过处理和衍生后可以为用户提供远程诊断、硬件检测、油耗管理等多种信息服务。

一、感知环节

智能网联汽车感知环节包括环境传感器和车身传感器两部分。环境传感器主要包括激光雷达、毫米波雷达、超声波雷达、车载摄像头等产品；车身传感器主要包括车姿传感器、惯性传感器、MEMS 传感器等产品。目前，中国激光雷达产品价格呈现持续下降态势，已逐步进入前装阶段。4D 毫米波雷达不但具备传统雷达低成本、高性能的特点，还可进行垂直方向探测，是毫米波雷达重要的发展趋势。感知环节主要存在两种解决方案，一是以 Apollo Lite 为代表的纯视觉解决方案，该方案主要依托车载摄像头和毫米波雷达；二是激光雷达主导的强感知方案，该方案配合摄像头、毫米波雷达等传感器而实现。2021 年，中国智能网联汽车感知环节产业规模为 729.0 亿元，同比增长 32.7%（见图 4-8）。

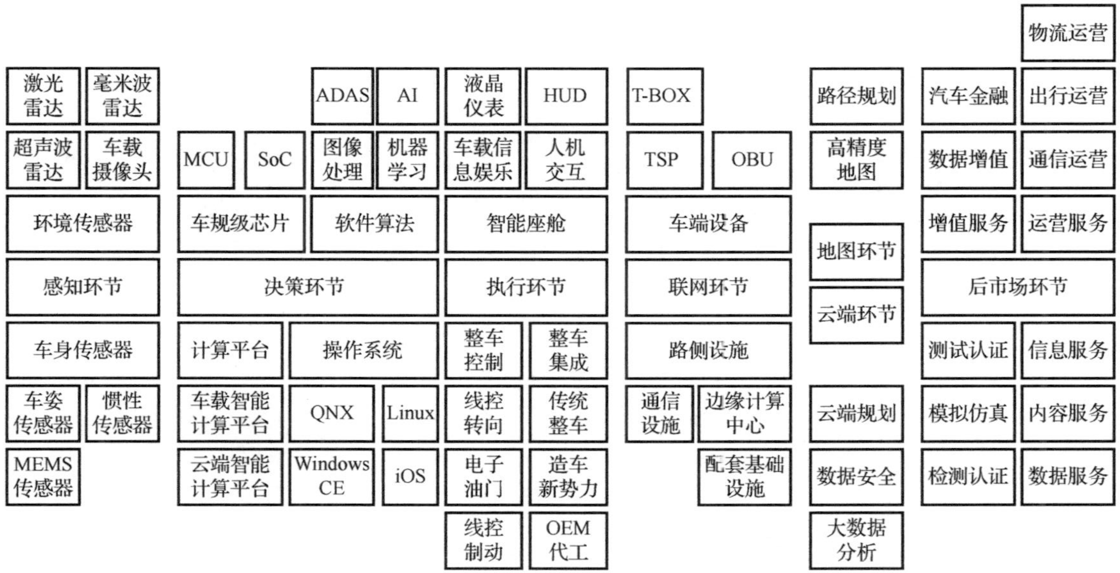

图 4-7　智能网联汽车产业链示意图

数据来源：赛迪顾问，2022 年 2 月

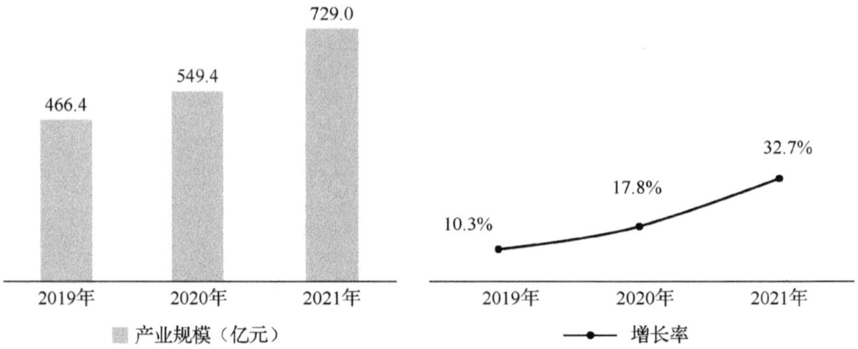

图 4-8　2019—2021 年中国智能网联汽车感知环节产业规模与增长率

数据来源：赛迪顾问，2022 年 2 月

二、决策环节

智能网联汽车决策环节包括车规级芯片、软件算法、计算平台、操作系统四部分。车规级芯片主要包括 MCU 和 SoC 等产品；软件算法主要包括 ADAS、图像处理、机器学习等；计算平台主要包括车载智能计算平台和云端智能计算平台；操作系统主要包括 QNX、Linux、Windows CE 和 iOS。2021 年，中国传统整车企业加速智能化转型升级，多款高算力智能化车型陆续发布，且多数车型未来计划可实现 500～1000TOPS 的超高算力，高算力车规级芯片及计算平台已成为决策环节发展的关键。如图 4-9 所示为 2019—2021 年中国智能网联汽车决策环节产业规模与增长率。

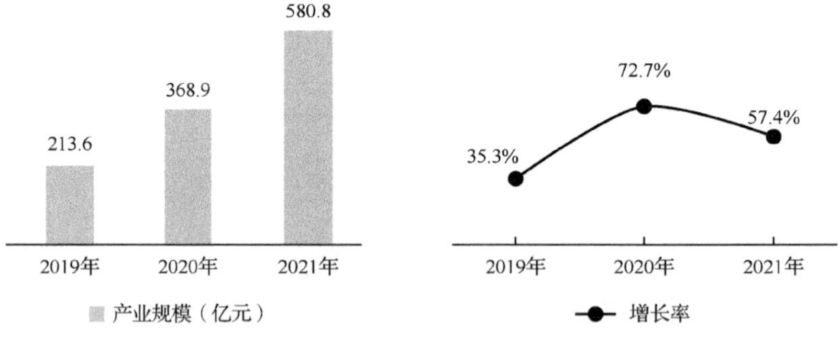

图 4-9　2019—2021 年中国智能网联汽车决策环节产业规模与增长率

数据来源：赛迪顾问，2022 年 2 月

三、执行环节

智能网联汽车执行环节包括智能座舱、整车控制、整车集成三部分。智

能座舱包括液晶仪表、HUD、车载信息娱乐、人机交互；整车控制包括线控转向、电子油门、线控制动等；整车集成包含传统整车企业、造车新势力企业、OEM 代工企业。2021 年，国内传统整车企业和造车新势力企业纷纷与互联网、信息与通信技术企业展开合作，加速布局智能网联汽车产品投放进程，同时以人工智能（AI）为驱动的智能主动化交互方式开始成为下一代人机交互的主流，并成为该环节的竞争焦点。如图 4-10 所示为 2019—2021 年中国智能网联汽车执行环节产业规模与增长率。

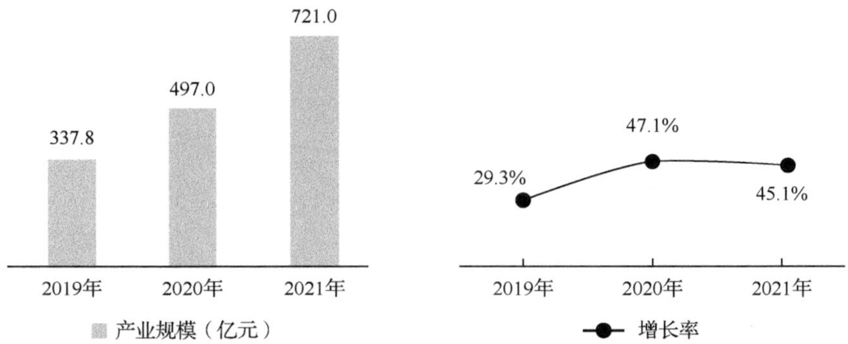

图 4-10　2019—2021 年中国智能网联汽车执行环节产业规模与增长率

数据来源：赛迪顾问，2022 年 2 月

四、联网环节

智能网联汽车联网环节包括车端设备和路侧设施两部分。车端设备包括 T-BOX、TSP 和 OBU；路侧设施包括通信设施、边缘计算中心和配套基础设施。2021 年，智能网联汽车联网环节出现路侧设施向软硬件解耦的趋势，多家路侧设施供应商、整体解决方案供应商等陆续开发了相关探索工作，路侧智能化设备成为该环节企业竞争的重点。如图 4-11 所示为 2019—2021 年中国智能网联汽车联网环节产业规模与增长率。

五、地图环节

智能网联汽车地图环节包括路径规划和高精度地图两部分。2021 年，高精度地图渗透率大幅提升，前期布局高精度地图的企业，其优势进一步扩大，高精度地图企业的竞争越发激烈。如图 4-12 所示为 2019—2021 年中国智能网联汽车地图环节产业规模与增长率。

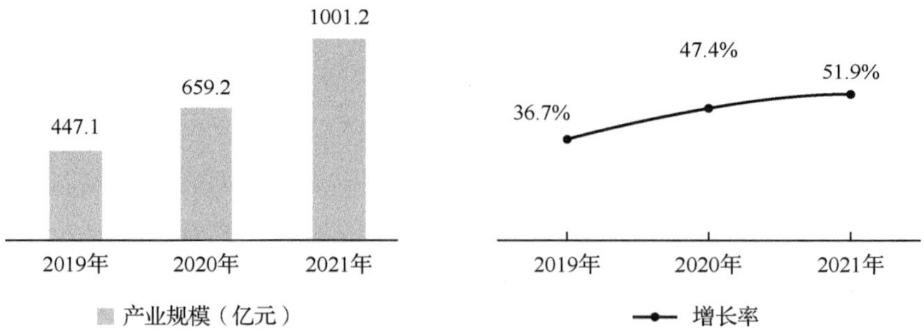

图 4-11　2019—2021 年中国智能网联汽车联网环节产业规模与增长率

数据来源：赛迪顾问，2022 年 2 月

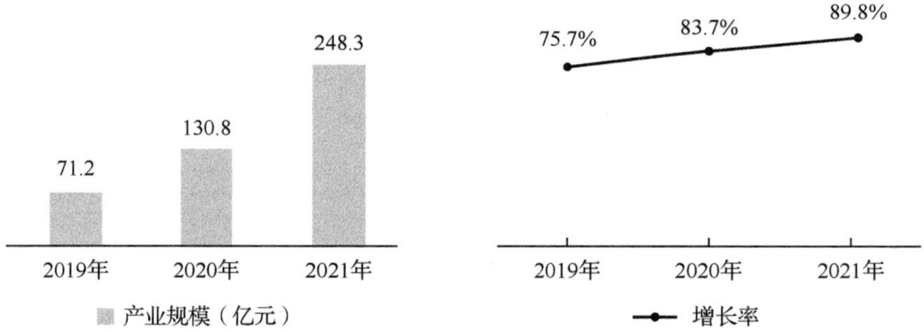

图 4-12　2019—2021 年中国智能网联汽车地图环节产业规模与增长率

数据来源：赛迪顾问，2022 年 2 月

六、云端环节

智能网联汽车云端环节包括云端规划、数据安全和大数据分析三部分。现阶段该环节尚未形成稳定的盈利模式。2021 年，中国智能网联汽车云端环节产业规模达到 132.2 亿元，同比增长 152.8%（见图 4-13）。

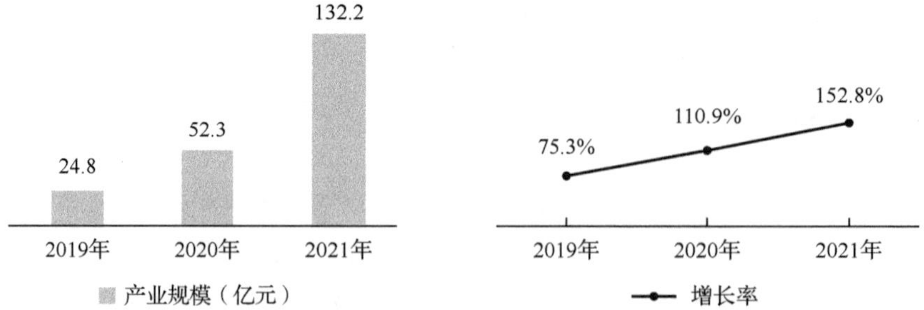

图 4-13　2019—2021 年中国智能网联汽车云端环节产业规模与增长率

数据来源：赛迪顾问，2022 年 2 月

七、后市场环节

智能网联汽车后市场环节包括增值服务、运营服务、测试认证、信息服务四部分。增值服务包括汽车金融、数据增值；运营服务包括物流运营、出行运营、通信运营；测试认证包括模拟仿真和检测认证；信息服务包括内容服务和数据服务。2021 年，随着北京正式开放中国首个自动驾驶出行服务商业化试点，中国智能网联汽车运营服务从测试示范迈入商业化试点探索的新阶段。如图 4-14 所示为 2019—2021 年中国智能网联汽车后市场环节产业规模与增长率。

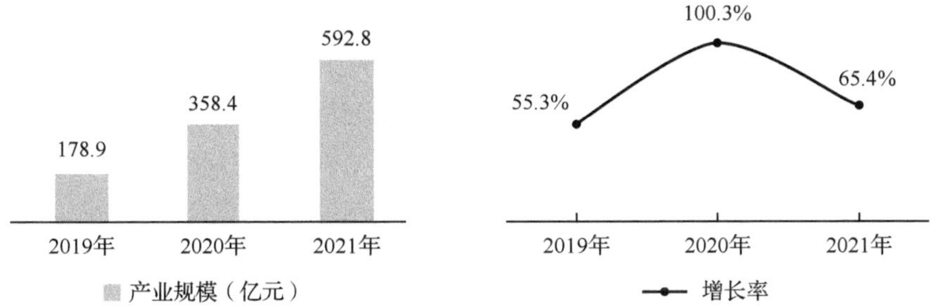

图 4-14　2019—2021 年中国智能网联汽车后市场环节产业规模与增长率

数据来源：赛迪顾问，2022 年 2 月

第四节　存在的问题

一、基础设施建设与车载终端推广尚未形成协同

智能网联汽车的联网功能需要路侧单元 RSU、5G 蜂窝通信基站等基础设施的支持，但是，首先，目前国内城市的交通基础设施信息化水平不足，红绿灯信号机需升级或替换后方可开放信息，交通标志牌等设施尚不支持联网功能，这些都导致交通信息无法全面、实时开放；其次，路侧单元 RSU 仅在各地示范区实现了小规模部署，尚未形成全程全网连续覆盖，无法为智能网联汽车提供连续的信息服务。智能网联汽车渗透率的提升依赖新型基础设施建设，新型基础设施建设的高投入又需要终端用户的支撑，两者相互影响，导致智能网联汽车商业化落地缓慢。

二、智能网联汽车商业模式尚不清晰

成功的商业模式是产业可持续健康发展的关键，现阶段智能网联汽车产业的商业模式尚不明确。产业主要以出售汽车电子零部件为主，未来最具价值的后市场运营服务领域相关企业尚未找到明确的盈利模式，自动驾驶相关企业均处于亏损状态。智能网联汽车产业涉及的技术和基础配套设施前期投入巨大，能否具备较为成熟的商业模式是决定相关企业和政府是否会长期投入的关键。

三、大算力、降功耗等车规级 AI 芯片关键核心技术尚未满足智能网联汽车应用需求

现阶段，智能汽车通常配有 8～17 个摄像头，另外还有多路雷达、超声波传感器及其他数据采集设备，汽车在行驶过程中的数据吞吐量极大，需要芯片具有强大的计算能力及超高带宽的接口。目前，车规级 AI 芯片尚无法满足较高等级的智能网联汽车应用需求。另外，一旦车规级 AI 芯片算力增大，功耗也将随之增大，现阶段支持 L3 自动驾驶汽车芯片的算力已远超英特尔高级服务器处理器。因此，降低功耗和增强芯片散热效率需要与车规级 AI 芯片算力提升同步进行。

第五节　措施建议

一、加快法规制定/修订，支持智能网联汽车规模化应用

加速完善智能网联汽车相关法律、法规、规章，加快修订《中华人民共和国道路交通安全法》，以确保 L3 及以上智能网联汽车合规上路；进一步明确智能网联汽车生产企业及产品准入管理的相关规定，以支撑智能网联汽车安全管理落地；积极探索智能网联汽车法规申请豁免机制，加快推动各类新产品、新技术等的创新应用；加快修订《中华人民共和国道路运输条例》，以支撑智能网联汽车交通服务合法运营。此外，持续迭代升级测试示范管理规范，在智能网联汽车测试示范区开展探索实践，为法律法规的制定/修订提供实证参考。

二、加强测试示范，推动智能网联汽车向大规模商业化发展

建议政府以当前道路测试与示范应用为基础，引导智能网联汽车向大规模商业化方向发展。首先，支持相关企业在货物运输、矿山开采、短途接驳等应用领域开展智能网联汽车运营服务，加速形成商业闭环；其次，以智能

网联汽车示范区、先导区为载体，探索网联化关键应用场景，并进一步明确基础设施建设、运营商业模式；逐步扩大智能网联汽车运营时间和空间，推动全天候、常态化的示范运用。可参考 2009 年科技部、财政部、国家发展改革委、工业和信息化部共同开展的“十城千辆”节能与新能源汽车示范推广应用工程“的应用思路，推动智能网联汽车在路况较好、人口密度较高的城市开展大规模示范应用。

三、凝聚行业共识，加速智能网联汽车生态建设

建议政府一方面以推动智能网联汽车商业化为目标，组织跨行业专家学者从关键技术、基础设施、政策法规、安全监管、社会接受度等维度梳理各领域关键问题与发展目标里程碑，形成产业发展推进实施路径和全社会发展合力。另一方面，积极引导高校、科研机构与传统整车企业、互联网企业开展“产学研”合作，围绕智能网联汽车发展瓶颈开展技术攻关，健全共享合作机制；通过合作执行智能网联汽车项目，加强“车内网”“车际网”“车云网”的技术、标准融合，形成以共赢为目标的创新发展模式。

第五章

机器人

机器人是智能制造的核心装备之一，其研发、制造、应用是衡量一个国家科技创新和高端制造业水平的重要标志。机器人包含用于生产过程与环境的工业机器人，用于非制造业的帮助人类进行劳动或服务于人类的服务机器人，以及由专业机构使用的在危险环境中辅助或替代人类执行任务的特种机器人三大类。随着中国国民经济的持续恢复、政策的大力推动、技术的不断成熟和人力资源供求关系的日趋紧张，中国机器人产业进入快速发展期，极大改变着中国人民的生产和生活方式，为经济社会发展注入了强劲动能。

第一节　全球发展综述

一、全球机器人市场规模加速增长

2021 年，全球机器人市场规模增长提速，机器人环境感知和智能化处理能力不断提升，ABB、库卡、发那科、安川作为国际机器人“四大家族”企业，规模优势依然突出。2021 年，全球机器人市场规模持续提高，达 399.8 亿美元。受亚太地区市场回暖和服务机器人市场快速提高的影响，全球机器人市场增速进一步提高，增长率为 16.2%（见图 5-1）。

二、工业机器人市场占比持续降低

2021 年，全球服务机器人、特种机器人市场规模增长较快，分别为 149.5 亿美元和 93.7 亿美元，占全球机器人市场规模的比例分别达到 37.4% 和 23.4%。虽然工业机器人市场规模增长至 156.7 亿美元，但占比降低至 39.2%（见图 5-2）。

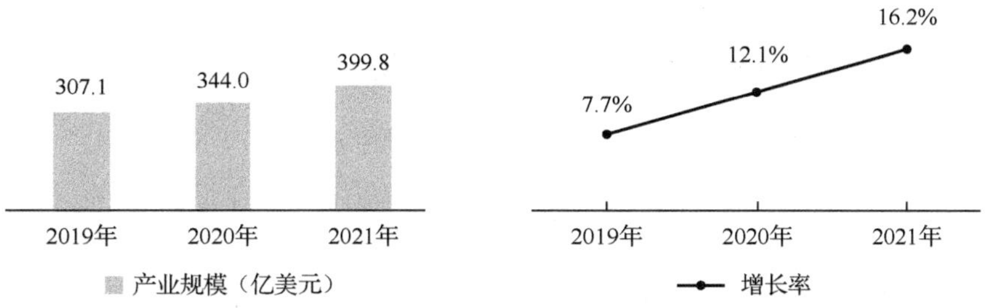

图 5-1　2019—2021 年全球机器人市场规模与增长率

数据来源：赛迪顾问，2022 年 2 月

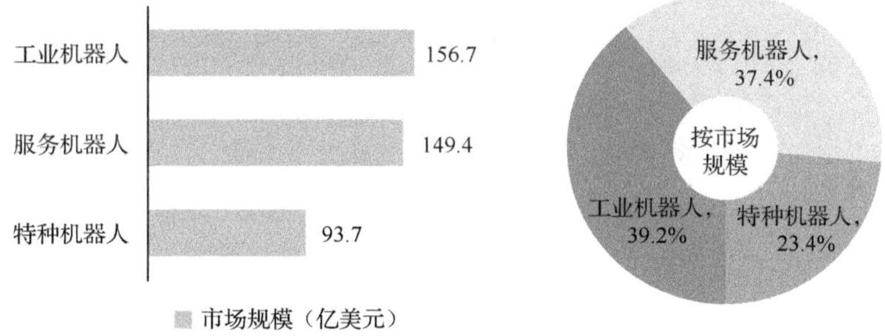

图 5-2　2021 年全球机器人市场产品规模结构

数据来源：赛迪顾问，2022 年 2 月

三、亚太地区机器人市场增长较快

从全球机器人市场区域分布来看，2021 年亚太地区市场表现最为亮眼，机器人市场规模升至 252.7 亿美元，占全球市场比例达到 63.2%。欧洲地区市场规模占比降至 18.3%，北美地区市场占比微升至 17.3%（见图 5-3）。

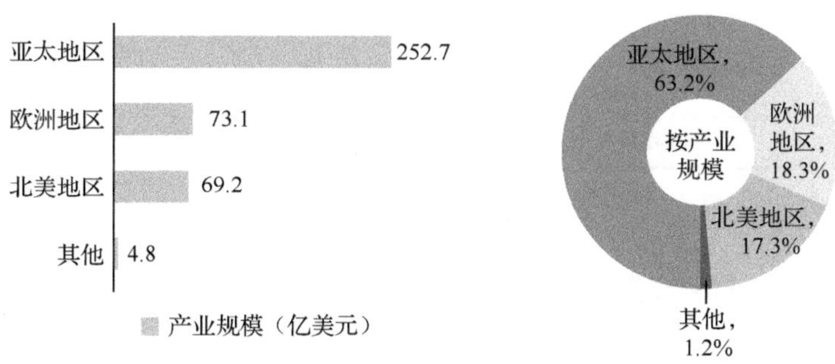

图 5-3　2021 年全球机器人市场规模区域结构

数据来源：赛迪顾问，2022 年 2 月

四、提升环境感知和智能化处理能力是重要发展方向

近年来，机器人对环境信息的感知能力和智能化处理能力持续提升，机器视觉技术识别精度、速度、广度不断提高，应用碰撞传感技术的协作机器人正加速推广应用，电子皮肤技术成为研究热点，人工智能处理环境信息、规划任务执行方案的能力不断增强，极大提高了机器人执行复杂作业的能力，扩充了机器人应用场景。

五、“四大家族”仍占据市场主导地位

在工业机器人领域，欧洲和日本等工业发达国家和地区技术实力突出，培育出了一批工业机器人巨头企业，其中，瑞士 ABB、德国库卡（KUKA）、日本安川电机（YASKAWA）和发那科（FANUC）被称为工业机器人“四大家族”，在行业内具有显著的实力优势。2021 年，ABB 的营收规模在全球市场中占比最高，达 21.0%，“四大家族”合计营收规模达 99.6 亿美元，占全球工业机器人市场比例达 63.5%（见表 5-1）。此外，国际领先企业还包括日本的那智不二越、川崎（Kawasaki）、松下（Panasonic）、爱普生（DENSOEPSON），瑞士的史陶比尔（Staubli）、意大利的柯马（COMAU）等，中国工业机器人企业如新松、埃斯顿、埃夫特等在国际市场上的竞争力逐步提高。

表 5-1　2019 年机器人“四大家族”业务情况

排　名	企业名称	国　家	营收（亿美元）	营收占比（%）
1	ABB	瑞士	33.0	21.0
2	库卡	德国	25.7	12.2
3	安川电机	日本	21.8	13.9
4	发那科	日本	19.1	16.4

数据来源：赛迪顾问，2022 年 2 月。

第二节　中国发展概况

一、政策不断加码推动机器人产业健康发展

2021 年 12 月，工业和信息化部、国家发展和改革委员会、科学技术

部等十五部门联合印发了《“十四五”机器人产业发展规划》（以下简称《规划》），为“十四五”时期中国机器人产业发展明确了目标、制定了主要任务。《规划》部署了提高产业创新能力、夯实产业发展基础、增加高端产品供给、拓展应用深度广度、优化产业组织结构 5 项主要任务，以及机器人核心技术攻关行动、机器人关键基础提升行动、机器人创新产品发展行动、“机器人+”应用行动 4 项行动，提出“到 2025 年，中国成为全球机器人技术创新策源地、高端制造集聚地和集成应用新高地”“到 2035 年，中国机器人产业综合实力达到国际领先水平，机器人成为经济发展、人民生活、社会治理的重要组成”等目标（见表 5-2）。各省级人民政府也非常重视培育机器人产业，积极出台政策支持机器人产业快速发展。2021 年，上海市和福建省均在综合性产业规划中重点提出支持机器人产业发展（见表 5-3）。

表 5-2　中国机器人产业主要政策（国家层面）

颁布时间	颁布主体	政策名称
2019 年 10 月	工业和信息化部、国家发展和改革委员会等十三部门	《制造业设计能力提升专项行动计划（2019—2022 年）》
2021 年 11 月	工业和信息化部装备工业一司、国家矿山安监局综合司	《关于面向矿山领域征集机器人典型应用场景的函》
2021 年 11 月	工业和信息化部装备工业一司、农业农村部农业机械化管理司	《关于面向农业领域征集机器人典型应用场景的函》
2021 年 11 月	工业和信息化部装备工业一司	《关于面向建筑领域征集机器人典型应用场景的函》
2021 年 12 月	工业和信息化部装备工业一司、国家卫生健康委员会规划发展与信息化司	《关于面向医疗领域征集机器人典型应用场景的函》
2021 年 12 月	工业和信息化部、国家发展和改革委员会等八部门	《“十四五”智能制造发展规划》
2021 年 12 月	工业和信息化部、国家发展和改革委员会、科学技术部等十五部门	《“十四五”机器人产业发展规划》

数据来源：有关部门、赛迪顾问，2022 年 2 月。

表 5-3 中国机器人产业主要政策（地方层面）

颁布时间	颁布主体	政策名称
2019 年 1 月	河南省人民政府办公厅	《河南省智能装备产业发展行动方案》
2019 年 4 月	重庆市人民政府	《重庆市推动制造业高质量发展专项行动方案（2019—2022 年）》
2019 年 7 月	山东省人民政府办公厅	《山东省推进“互联网+医疗健康”示范省建设行动计划（2019—2020 年）》
2019 年 12 月	北京市经济和信息化局	《北京市机器人产业创新发展行动方案（2019—2022 年）》
2020 年 3 月	上海市农业农村委员会等六部门	《关于加快推进农业机械化和农机装备产业转型升级的实施意见》
2020 年 3 月	青岛市人民政府办公厅	《关于支持机器人产业加快发展若干政策措施的通知》
2020 年 3 月	甘肃省安全生产委员会	《甘肃省 2020 年安全生产工作要点》
2020 年 3 月	河北省人民政府	《河北省应急产业发展规划（2020－2025）》
2020 年 3 月	江苏省人民政府办公厅	《关于促进平台经济规范健康发展的实施意见》
2020 年 1 月	浙江省民政厅等十六部门	《关于加快发展康复辅助器具产业的实施意见》
2020 年 9 月	广东省工业和信息化厅等五部门	《广东省培育智能机器人战略性新兴产业集群行动计划（2021—2025 年）》
2021 年 6 月	上海市人民政府办公厅	《上海市战略性新兴产业和先导产业发展“十四五”规划》
2021 年 7 月	福建省人民政府	《福建省“十四五”制造业高质量发展专项规划》

数据来源：有关部门、赛迪顾问，2022 年 2 月。

二、中国机器人产业规模增速不断提高

2021 年，中国国民经济持续恢复发展为机器人产业创造了良好的发展环境，人力资源供求关系紧张推动机器人应用需求不断提高，在各级政府的大力支持下，中国机器人产业规模快速增长，2021 年达 2170.6 亿元，增速为 28.0%。（见图 5-4）。

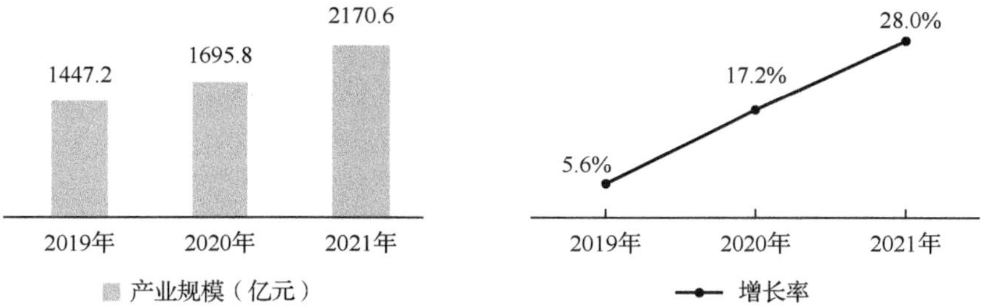

图 5-4　2019—2021 年中国机器人产业规模与增长率

数据来源：赛迪顾问，2022 年 2 月

三、工业机器人占据市场主要份额

工业机器人在中国机器人产业中占据主要地位，2021 年产业规模为 1726.6 亿元，占比高达 79.5%。中国服务机器人正步入快速发展期，2021 年产业规模增长至 337.1 亿元，占比提高至 15.6%。中国特种机器人整体处于关键技术研发和产品开发阶段，当前产业规模较小，2021 年产业规模为 106.9 亿元，占比为 4.9%（见图 5-5）。

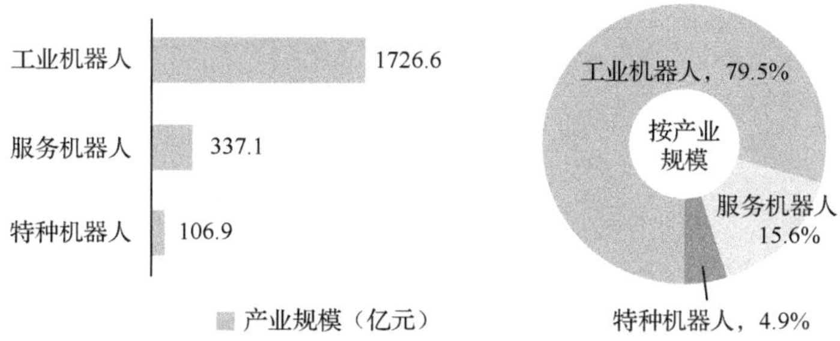

图 5-5　2021 年中国机器人产业产品规模结构

数据来源：赛迪顾问，2022 年 2 月

四、广东、江苏、上海等省市机器人产业规模领先

从产业规模总体分布来看，2021 年，广东机器人产业规模达到 447.1 亿元，占比达 20.6%，居全国之首。江苏、上海、浙江、安徽等长三角地区的机器人产业增长势头强劲，四省市合计规模达到 770.5 亿元，占比为 35.5%。排名前 5 名的省（市）产业规模合计占比为 57.7%（见图 5-6）。

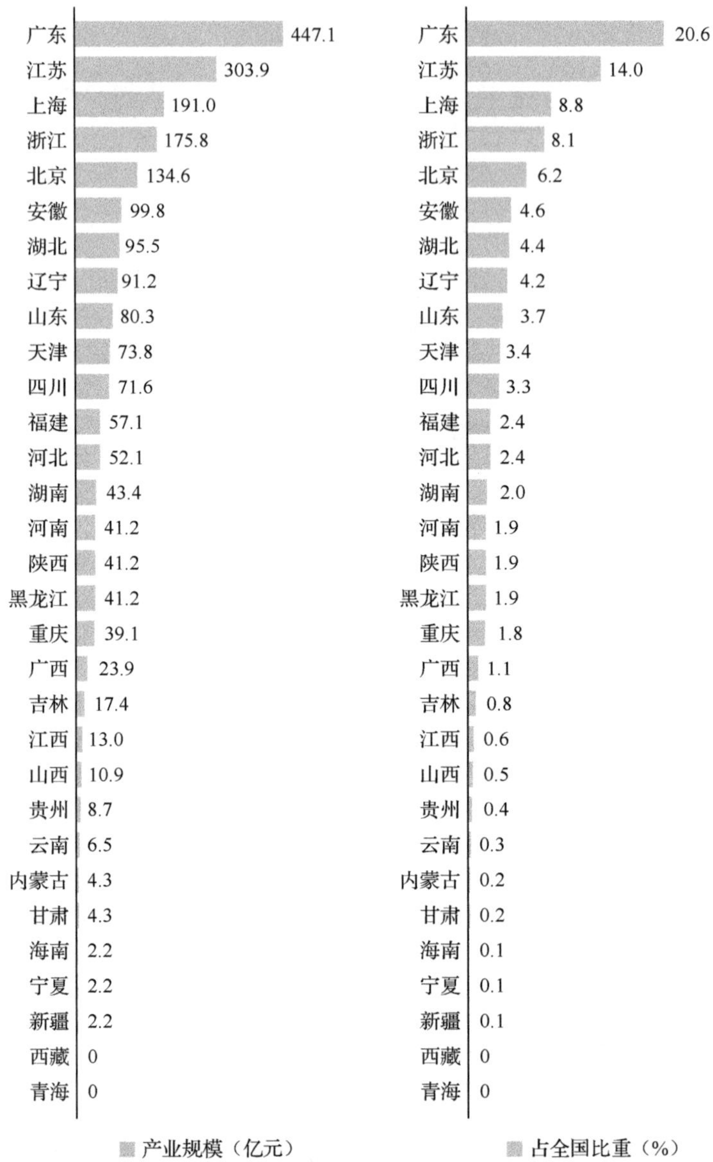

图 5-6　2021 年中国机器人产业规模区域结构

数据来源：赛迪顾问，2022 年 2 月

第三节　产业链分析

机器人产业链主要包括关键零部件及软件、本体与集成制造、行业与场景应用三大环节，每个环节又分为工业、服务和特种机器人三个小领域。关

键零部件及软件：核心零部件领域包括伺服驱动系统、控制器和减速器等，核心元器件领域包括芯片、感知模块和通信模块等，核心软件领域包括操作系统、人工智能模块和人机交互模块等。本体与集成制造：工业机器人领域包括本体制造和系统集成两个小环节，其中本体制造包括多关节机器人、坐标机器人和并联机器人等，系统集成包括应用工具包、离线编程与系统仿真和集成设计服务等；服务机器人领域包括农业机器人、矿业机器人和医疗康复机器人等；特种机器人领域包括水下机器人、安防机器人和危险环境作业机器人等。行业与场景应用：工业机器人领域包括汽车、电子电器和金属加工等，服务机器人领域包括农场、矿山和医疗机构等，特种机器人领域包括海洋、火灾现场和反恐防暴现场等（见图 5-7）。

一、关键零部件及软件

2021 年，中国机器人领域关键零部件及软件新产品不断涌现，新产能加快落地，产业规模增速进一步提高。2021 年，中国机器人关键零部件及软件产业规模达 344.0 亿元，增长率达 37.0%（见图 5-8）。

二、本体与集成制造

2021 年，中国机器人产品的性能和稳定性进一步提高，应用场景更加丰富，受市场需求快速增加的拉动，中国机器人本体与集成制造产业规模高速增长，达 1826.6 亿元，增长率为 26.4%（见图 5-9）。

第四节　存在的问题

一、国际形势复杂，企业发展面临压力

当前，中国机器人产品中有多种关键零部件和元器件需要进口，新冠肺炎疫情在全球持续蔓延，国外关键零部件及原件的生产和运输受到了较大影响，供货周期存在不同程度的延长。因此，中国机器人企业被迫将更多资金用于备货，使企业面临较大资金压力，并限制了企业产能的扩充。

二、知名企业较少，高端产品开发能力有限

相较国际巨头企业，当前中国机器人企业整体实力较弱，具有较强品牌影响力的企业较少。一方面，中国技术领先、行业内知名度较高的关键零部

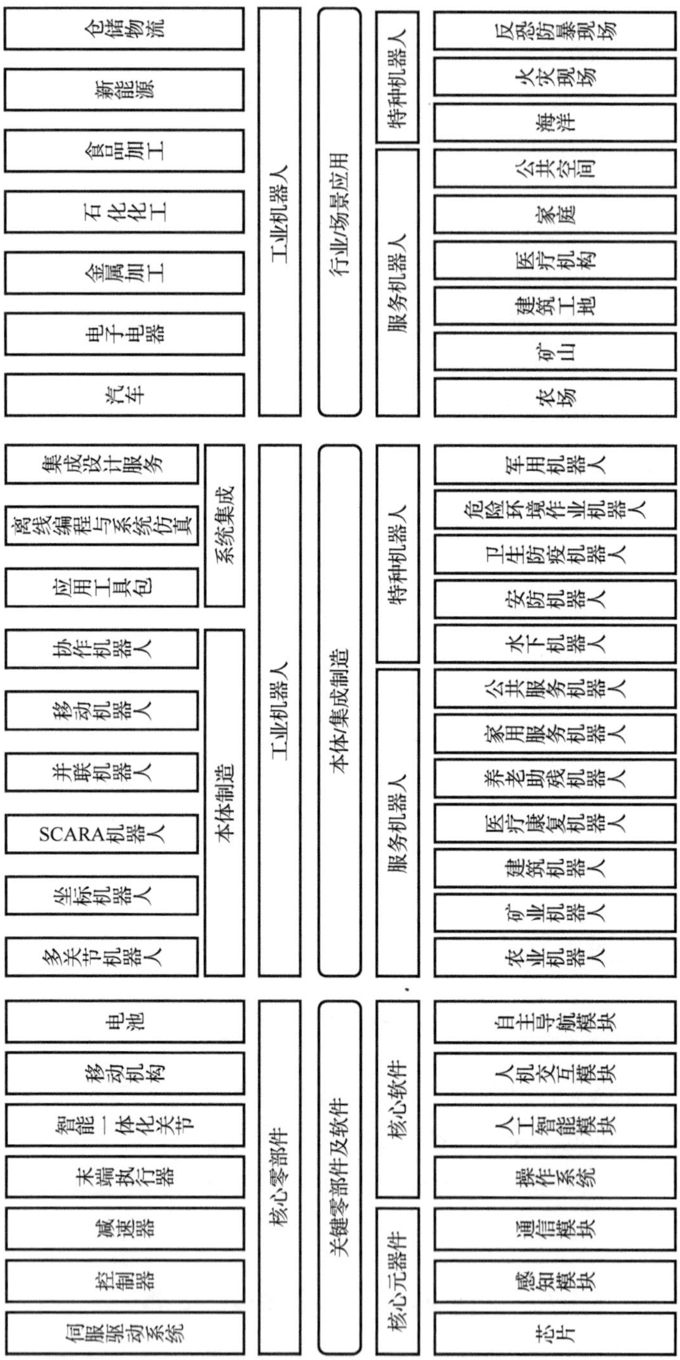

图 5-7　机器人产业链示意图

数据来源：赛迪顾问，2022 年 2 月

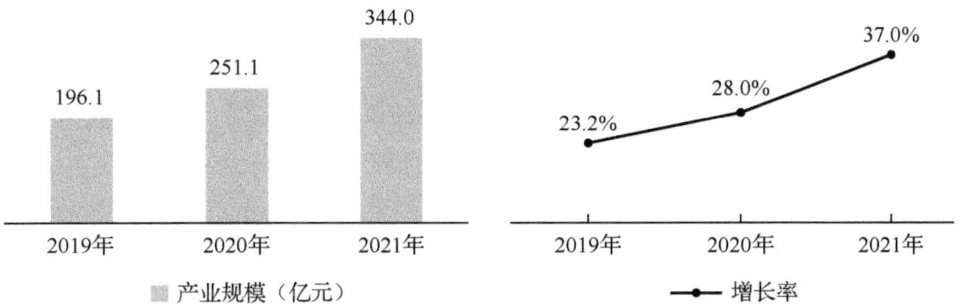

图 5-8　2019—2021 年中国机器人关键零部件及软件产业规模与增长率

数据来源：赛迪顾问，2022 年 2 月

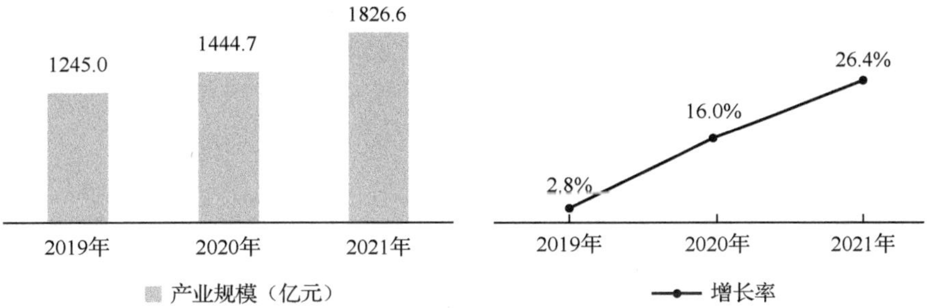

图 5-9　2019—2021 年中国机器人本体与集成制造产业规模与增长率

数据来源：赛迪顾问，2022 年 2 月

件和软件及本体产品较少，产品性能和稳定性有待提高。另一方面，多数中国机器人系统集成企业主要依靠价格优势参与市场竞争，部分企业处于攻关特定细分场景和领域的阶段，在应用规模较大的行业和领域缺乏具有较强竞争力的高端产品。

三、产业基础较弱，本地配套供给能力不足

一方面，中国机器人企业在关键零部件及软件环节的实力较弱，尚未完全攻克部分关键零部件的制造技术、产品综合性能与国外先进水平相比有差距，部分关键零部件产能有限，不能满足中国快速增长的机器人产业的需求。另一方面，机器人企业的加工配套需求具有“多品种、小批量”的特点，愿意承接此类需求的高精度加工厂数量有限且多分布于南方地区，这种情况为机器人企业尤其是北方的机器人企业增加了诸多负担。

第五节　措施建议

一、夯实机器人产业发展基础

加快推进机器人产业基础再造工程，着重突破产业发展技术瓶颈。重点支持机器人骨干企业联合应用企业对机器人关键零部件及软件技术进行攻关，加强高性能零部件的技术研发能力，完善产业研用运行机制，建设集先进技术研究、中间试验、工程化应用及产业孵化于一体的创新体系，加快技术工程化、产业化突破。加强完善标准引领、检测认证服务体系建设。重点鼓励企业牵头制定国内国际标准化工作，开展对机器人功能、性能、安全等标准的制定，同时加强提升机器人产品检测认证能力，以满足企业检测认证服务需求。

二、完善机器人产业配套政策

建议设立机器人产业发展领导小组并由当地主要领导担任组长，统筹科技、财政、金融及用户部门的资源和力量，研究编写机器人产业发展规划，科学制定机器人产业发展行动计划，并加大对机器人企业用地、引资、引才等方面的支持力度。建议组建机器人产业发展战略咨询委员会，对本地区机器人产业发展过程中的重大问题以及政策制定、落地实施等方面提出建设性建议，为产业发展提供高端智力支撑。

三、专注细分领域，打造特色品牌

当前机器人领域国际龙头企业不仅技术水平领先，在品牌知名度、行业应用经验、客户认可度等方面也具有显著优势。中国机器人企业应尽快摆脱以价格优势参与市场竞争的模式，根据当前企业特点选择特定细分场景、环节及领域，深入钻研特色技术，做精做强特色应用。前期，机器人企业可以从目标领域多道工序中的一个环节切入，在合作的过程中取得客户的认可和信任，逐步向领域内其他细分环节延伸，最终形成专业化、定制化解决方案，打造特色服务品牌，形成竞争新优势。

第六章

数控机床

数控机床被广泛应用于机械制造、汽车工业、航空航天及智能机器人自动化生产等领域，在智能制造中发挥着重要作用。2021 年，受益于全球制造业复苏和下游应用行业的快速崛起，各行各业对数控机床的需求持续增长，数控机床产业规模总体呈现强劲增长态势。在产业环境方面，近 3 年中国相继出台的一系列政策，将进一步推动制造业优化升级，培育先进制造业集群，助力数控机床向高端化升级方向发展。在产业规模方面，随着中国制造业数字化、智能化转型，数控机床在其中的“赋能”作用得到进一步凸显，产业规模呈现快速增长态势。在产业布局方面，中国数控机床产业资源主要分布在东部沿海地区，其中江苏、浙江、山东占据中国数控机床产业规模前三位。赛迪顾问认为，随着机床更新换代的发展需要，未来中国数控机床产业有望迎来加速发展态势。

第一节　全球发展综述

一、全球数控机床产业规模保持强劲增长

受益于全球制造业强势复苏及新能源汽车、5G、风电设备等下游应用行业的快速崛起，各国对数控机床的需求持续增加，全球订单数量也远超过新冠肺炎疫情前水平。2021 年，全球数控机床产业规模保持强劲增长势头，已达到 1528.0 亿美元，增长率为 11.2%。但随着原材料价格上涨、芯片短缺、供应链受阻等问题的日益显著，全球数控机床产业规模增速会有所放缓。

二、数控金属切削机床产业规模占比最大

相比于其他类型的数控机床，数控金属切削机床加工精度更高，应用更

广泛，加上涡轮叶片、汽车发动机、螺旋桨等高端装备的快速发展，企业对数控金属切削机床产生了较大的需求。如图 6-1 所示为 2019—2021 年全球数控机床产业规模与增长率。2021 年，全球数控金属切削机床产业规模为 788.3 亿美元，占比为 51.6%；全球数控金属成形机床产业规模为 433.6 亿美元，占比为 28.4%；全球数控特种加工机床产业规模为 278.4 亿美元，占比为 18.2%；全球其他类型数控机床产业规模为 27.7 亿美元，占比为 1.8%（见图 6-2）。

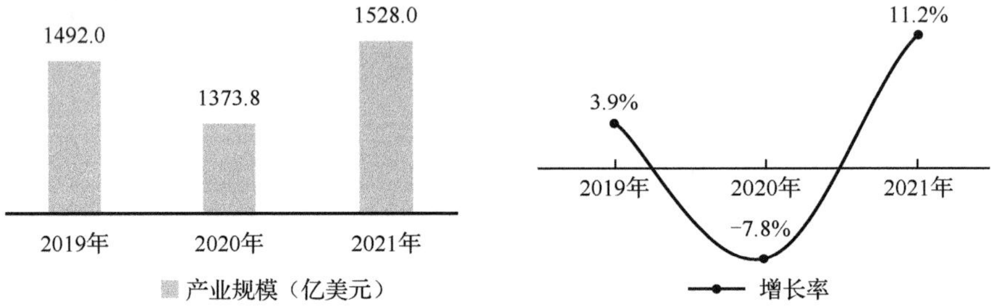

图 6-1　2019—2021 年全球数控机床产业规模与增长率

数据来源：赛迪顾问，2022 年 2 月

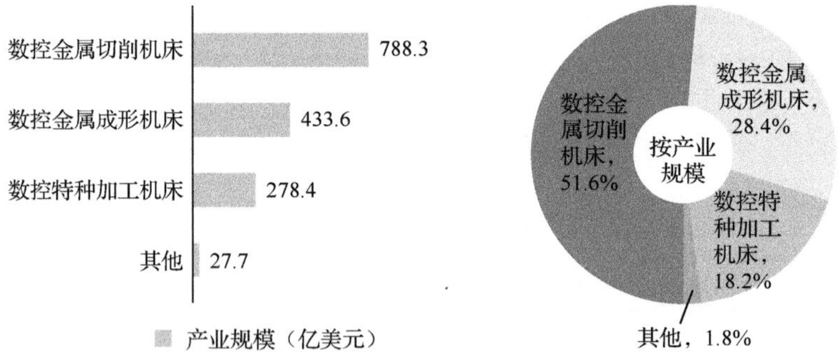

图 6-2　2021 年全球数控机床产业产品规模结构

数据来源：赛迪顾问，2022 年 2 月

三、中国数控机床产业规模全球领先

全球数控机床产业主要集中在亚洲、欧洲、美洲三大区域，其中，中国、日本、德国是数控机床的主要生产国家，在 2021 年的全球数控机床产业规模中三国产业规模占比之和超过 78%。随着中国制造业加速转型，精密模具、航空航天、轨道交通、生物医药等产业得到较快发展，带动了数控机床产业的发展，2021 年，中国成为全球数控机床产业规模领先的国家，在全球数控机床产业规模中的占比为 35.1%（见图 6-3）。

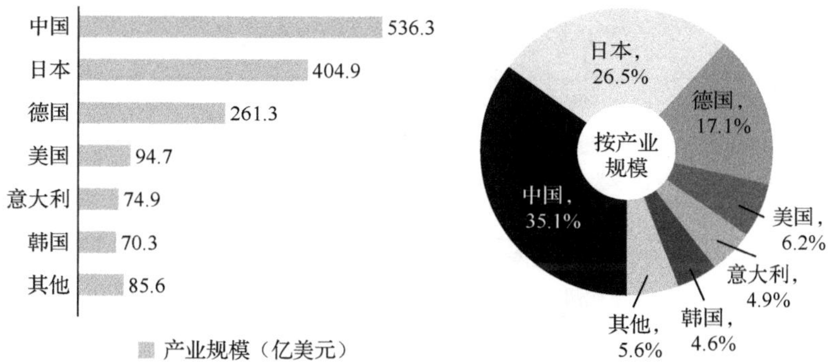

图 6-3　2021 年全球数控机床产业规模区域结构

数据来源：赛迪顾问，2022 年 2 月

四、数控机床向智能化、精密化发展

世界主要强国推动数控机床智能化、精密化的成效显著。日本山崎马扎克积极研究数控机床领域的核心技术、前沿加工方案，探索建立以数控机床为主体的未来智能工厂，实现智能化、高效率数字制造。以德国哈默、巨浪、DMG 和日本山崎马扎克、大隈、捷太科特等为代表的数控机床企业的加工精度进一步提升，以日本捷太科特为例，其生产的 AHN15-3D 自由曲面金刚石加工机是全球精度最高的母机，该机可实现 30nm 部件形成精度；沙迪克的慢走丝电火花加工机和长濑的纳米级自由曲面研磨机，也实现了纳米级加工。

第二节　中国发展概况

一、政策加速助力数控机床产业可持续发展

2021 年，中国相继出台系列政策助力数控机床可持续发展。2021 年 3 月，《中华人民共和国国民经济和社会发展第十四个五年规划和 2035 年远景目标纲要》明确提到，要推动制造业优化升级，培育先进制造业集群，推动高端数控机床等产业创新发展。2021 年 8 月，国资委党委会议将工业母机排在高端芯片、新能源汽车等领域的前面，彰显对高档数控机床行业的重视。2021 年 12 月，《“十四五”智能制造发展规划》指出，要大力发展智能数控系统，以及智能立/卧式五轴加工中心、车铣复合加工机床、高精度数控磨床等。如表 6-1 所示为中国数控机床产业主要政策。

表 6-1 中国数控机床产业主要政策

颁布时间	颁布主体	政策名称
2019 年 10 月	工业和信息化部、国家发展和改革委员会、教育部等十三部门	《制造业设计能力提升专项行动计划（2019—2022 年）》
2020 年 9 月	国家发展和改革委员会、科技部、工业和信息化部、财政部四部门	《关于扩大战略性新兴产业投资 培育壮大新增长点增长极的指导意见》
2021 年 3 月	国务院	《中华人民共和国国民经济和社会发展第十四个五年规划和 2035 年远景目标纲要》
2021 年 12 月	工业和信息化部、国家发展和改革委员会、教育部、科技部、财政部、人力资源和社会保障部、国家市场监督管理总局、国务院国有资产监督管理委员会八部门	《“十四五”智能制造发展规划》

数据来源：相关部门，赛迪顾问整理，2022 年 2 月。

二、中国数控机床产业呈现增长态势

2021 年，制造业的数字化、智能化转型，推动下游行业应用不断升级发展，中国数控机床对各行业的“赋能”作用开始显现，数控机床产量及产业规模呈现快速增长态势。2021 年，中国数控机床产量达 80.3 万台，同比增长 7.1%，产业规模达 3589.0 亿元，同比增长 10.4%（见图 6-4）。

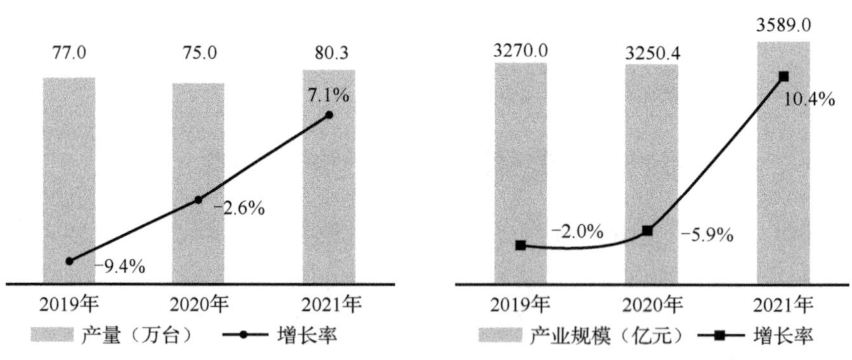

图 6-4 2019—2021 年中国数控机床产量与增长率、产业规模与增长率

数据来源：赛迪顾问，2022 年 2 月

三、数控金属切削机床占据领先地位

2021 年，受汽车、航空航天、船舶、电力装备、工程机械等应用领域的

需求带动，数控金属切削机床产量达 43.2 万台（见图 6-5），产业规模达 1910.2 亿元，在全国数控机床产业规模中占比超过 53.2%。数控金属成形机床产量居第二位，达 21.0 万台，产业规模达 1021.1 亿元。数控特种加工机床产量居第三位，达 14.1 万台，产业规模达 610.9 亿元（见图 6-6）。

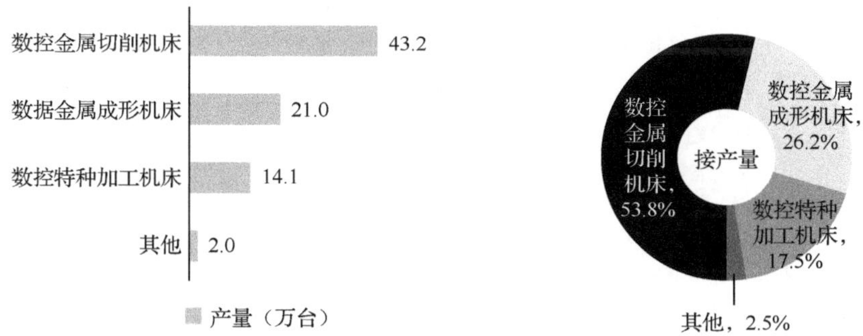

图 6-5　2021 年中国数控机床产品产量结构

数据来源：赛迪顾问，2022 年 2 月

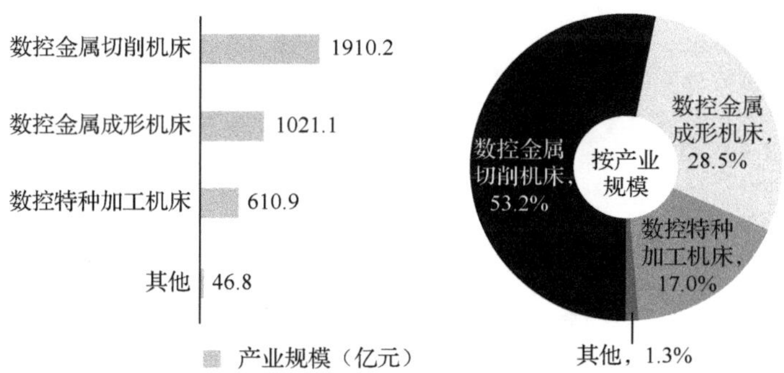

图 6-6　2021 年中国数控机床产业产品规模结构

数据来源：赛迪顾问，2022 年 2 月

四、苏浙鲁占据数控机床产业规模前三位

2021 年，苏浙鲁继续占据中国数控机床产业规模前三位，三地数控机床产业规模之和占全国数控机床产业规模的比重超过 50%。其中，江苏数控机床产业规模达 783.0 亿元，占比为 21.8%，居全国第一位。浙江数控机床产业规模达 632.1 亿元，占比为 17.6%。山东数控机床产业规模达 396.1 亿元，占比为 11.0%（见图 6-7）。

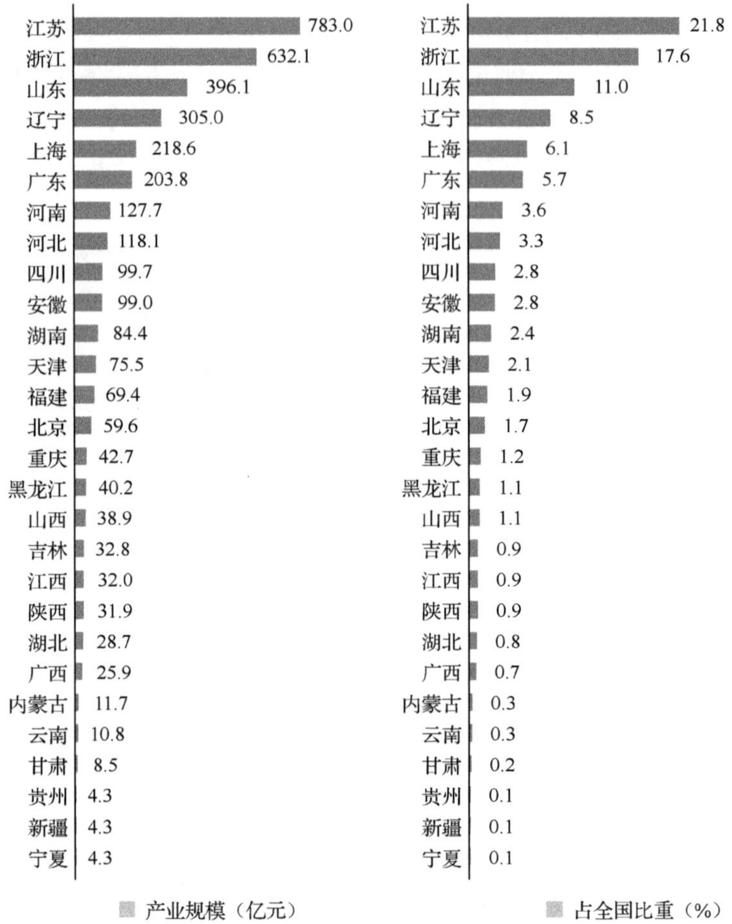

图 6-7　2021 年中国数控机床产业规模区域结构

数据来源：赛迪顾问，2022 年 2 月

第三节　产业链分析

数控机床产业链主要分为原材料与零部件、整机制造和行业应用环节。上游是数控机床的零部件，包括主机、辅助、传动系统、铸件、数控系统、主轴、刀具等，其中主轴、刀具等功能部件及数控系统是决定数控机床性能的关键。中游主要是整机制造，中国数控机床正从中低档数控机床逐渐向高档数控机床过渡，其中五轴及以上的联动数控机床是技术壁垒最高、市场需求最高的。下游是行业应用，涉及汽车、轨道交通、电子通信、航天航空、工程机械、船舶等诸多领域，随着制造业加速转型，数控机床市场需求将得

到持续释放。如图 6-8 所示为中国数控机床产业链。

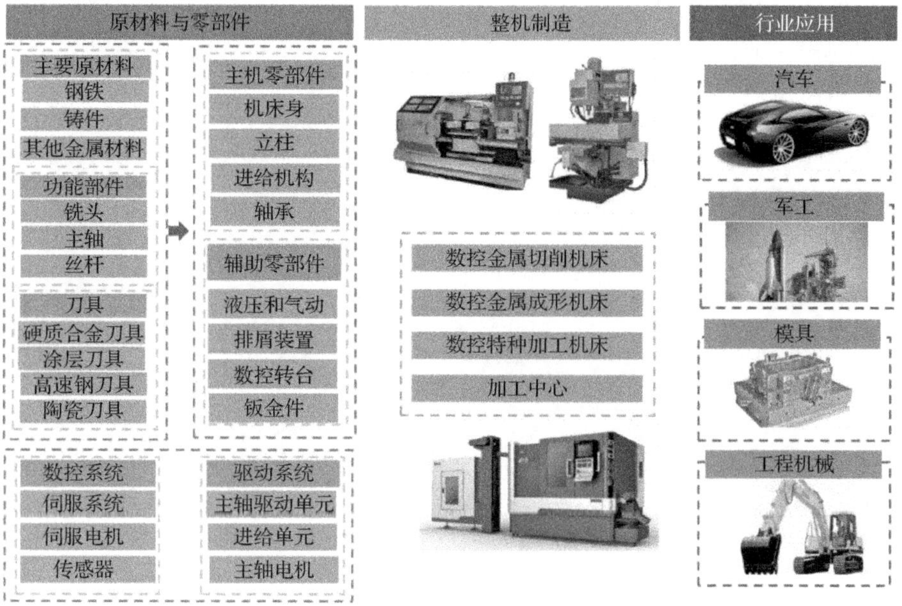

图 6-8　中国数控机床产业链示意图

数据来源：赛迪顾问，2022 年 2 月

一、关键零部件

随着中国制造业转型升级，数控机床产业涌现了一批优质零部件企业。目前，中国数控机床产业在电主轴、滚珠丝杠、数控刀架、数控系统等关键零部件上已逐渐形成一定的生产规模。2021 年，中国数控机床关键零部件产业规模达到 2350.0 亿元，同比增长 6.3%（见图 6-9）。

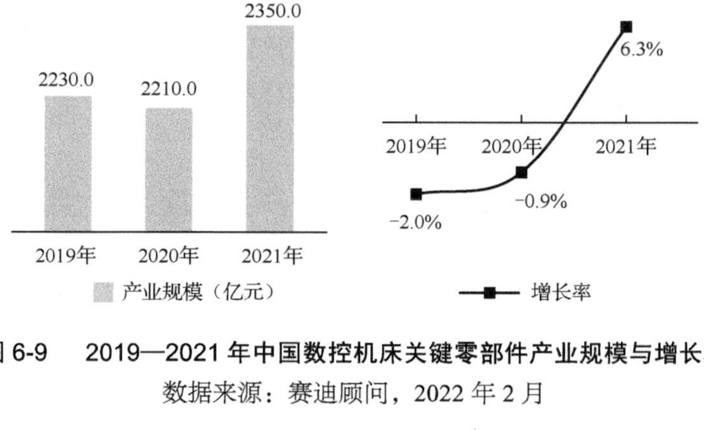

图 6-9　2019—2021 年中国数控机床关键零部件产业规模与增长率

数据来源：赛迪顾问，2022 年 2 月

二、行业应用

我国工业经济持续恢复发展，2021 年，中国规上工业增加值实现较快增长，同比增长 9.6%（见图 6-10），其中装备制造业增加值同比增长 12.9%。数控机床应用需求增长领域主要包括新能源汽车、工业机器人、集成电路、风电、船舶、航空航天等。

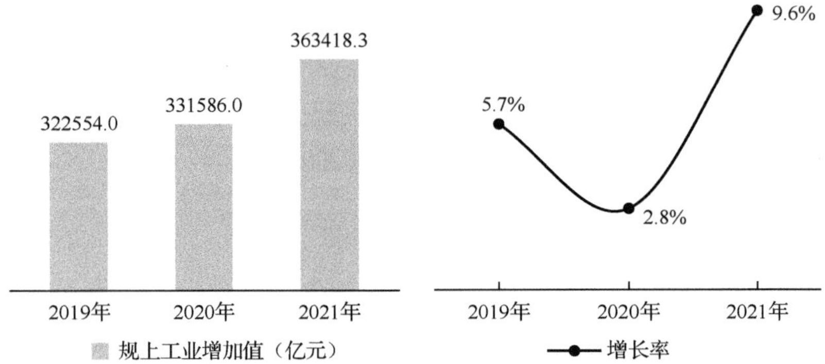

图 6-10　2019—2021 年中国规上工业增加值与增长率

数据来源：赛迪顾问，2022 年 2 月

第四节　存在的问题

一、疫情因素导致上下游配套供应不足

因受新冠肺炎疫情影响，多数企业普遍面临关键功能零部件产品供应量减少、涨价、延期交付、停产等各种贸易问题，这暴露出中国数控机床的产业链、供应链稳定性方面存在的问题。当前，中国数控机床企业在部分关键功能零部件上持续加大投入力度，但高端数控机床仍存在技术不成熟、质量不可靠、兼容适配差等问题，造成行业下游应用厂商不敢用、不想用的尴尬局面。

二、不确定性因素导致数控机床产业发展增速放缓

全球发展环境日趋复杂严峻，国际贸易保护主义抬头和逆全球化思潮涌现，疫情反复下国际供应链危机仍在蔓延，进一步导致原材料价格上涨、机床缺芯加剧、关键技术封锁限制等问题，极大制约了数控机床行业发展。从

国内来看，在新冠肺炎疫情持续反复的形势下，中国供需结构性矛盾仍比较突出，数控机床产业关键核心技术和关键功能部件性能水平低，给数控机床产业链上下游企业造成了一定影响。

三、优秀示范场景亟待有效挖掘和推广

近期，工业母机领域受到相关政策的强烈关注及资本市场的大力追捧，但中国数控机床产业优秀示范场景匮乏问题尚未形成有效解决方案，高端产品研发与下游产业应用关联程度不够，造成驱动核心研发技术积累与迭代的示范应用场景挖掘不足。

第五节　措施建议

一、加强探索产业发展新方式

强调规划指引，联合数控机床上下游各类企业，发挥新型举国体制集中力量办大事的制度优势，探索数控机床产业发展新方式。一方面，重视顶层统筹规划及引导作用，做精做强做优做大各层次企业；另一方面，立足国内大循环，借助“一带一路”倡议，充分利用国内国际装备制造业两个市场的两种资源，继续巩固加强数控机床产业链的国际合作，鼓励一批国产高端数控机床走出国门，利用先进技术创新开拓国外应用场景。

二、持续加强数控机床关键技术攻关

一方面，企业要以发展高档数控机床为主攻方向，围绕关键零部件、整机生产制造等关键环节进行技术攻关，以新能源汽车、工程机械、5G 等下游应用牵引整机制造，加快推动数控机床与大数据、云计算、人工智能、物联网为代表的新一代信息技术深度融合发展。另一方面，企业应借助当下资本市场关注新兴数控机床企业的势头，在推进普及数控系统产业化、扩大市场占有率的同时，积极对标国外先进技术，培育中国数控机床自主品牌。

三、加大对数控机床行业的投资力度

数控机床中的功能部件、数控系统等关键零部件的技术水平直接决定了整机的精度和稳定性，虽然中国高端数控机床关键零部件的整体水平与国际先进水平相比还存在一定差距，但随着一批国产零部件加速崛起，这一差距

正逐渐缩小。建议投资机构重点关注关键零部件相关的“专精特新”企业、“单项冠军”企业。随着全球疫情持续、劳动力短缺等问题日益凸显，全球制造业企业持续将数字化智能化转型作为抵御风险的重要手段，不断对传统生产线进行技术改造及产业升级。智能机床是数字化智能化加工生产的重要载体，未来，随着人工智能、数字孪生、工业大数据和工业物联网等新兴信息技术在制造加工行业中的应用不断增多，智能机床的市场前景将变得十分广阔。建议投资机构重点关注打造智能化机床的数控机床企业。

四、推动产业基础及配套服务新模式

加强整合行业教育、金融支持、人才培养等方面的资源，推动产业纵深融合发展，倡导数控机床产业基础配套服务新趋势。在行业教育方面，需着力打造专属行业频道，不定期推出行业领军人物的相关采访报道，形成数控机床行业中的“同频共振”效应；在金融支持方面，鼓励金融机构实施差异化信贷政策，增加数控机床中小企业融资贷款，敢于创新金融支持模式，健全融资增信支持体系，如设立数控机床基金和金融试点示范基地，支持企业不断向“专精特新”方向发展；在人才培养方面，依托龙头企业和重要科技攻关项目培养及发现人才，实施数控机床产业的先进理论知识更新工程，推动建设高端数控机床的新型学科体系，打造若干数控机床产业人才培养基地。

第七章

商业航天

商业航天是在传统航天的基础上，采取市场化机制，将原有的政府航天活动进行商业化并以盈利为目标的战略性新兴产业之一。其产业链主要涵盖火箭和卫星等空中装备的设计、制造和发射，地面设备设计与制造，相关运营和应用等核心环节；产品类型主要包括航天运载器和空间飞行器（火箭、卫星、载人飞船、空天飞机）、发射服务、运营和应用服务（通信、导航、遥感、空间搭载）、深空探测（太空旅游、太空资源开发）等。

第一节　全球发展综述

一、世界商业航天呈现蓬勃发展态势

世界各国均高度重视商业航天领域的发展，商业航天产业规模保持增长态势。随着新冠肺炎疫情形势好转，全球商业航天投资热情不断高涨，2021年，全球商业航天产业规模达 3500.0 亿美元（见图 7-1）。

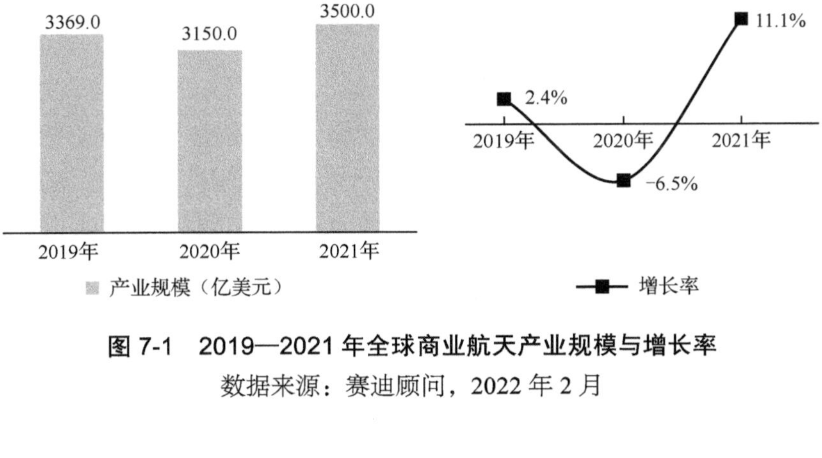

图 7-1　2019—2021 年全球商业航天产业规模与增长率

数据来源：赛迪顾问，2022 年 2 月

二、美国占据全球商业航天领先地位

美国将商业航天视为未来发展的支柱产业，全方位扶持商业航天产业发展，在各关键领域取得重大成就。在航天运输方面，美国“猎鹰”重型运载火箭连续实现发射成功、助推器及一级火箭回收复用；在卫星联网方面，“一网”与“星链”低轨通信星座进入天地一体化融合发展阶段；在载人飞船方面，美国近地轨道载人航天商业化取得阶段性突破。2021 年，全球商业航天领域投资总额高达 58 亿美元，其中美国在商业航天领域的投资额约占总投资额的 55.0%，美国继续占据全球商业航天领导地位（见图 7-2）。

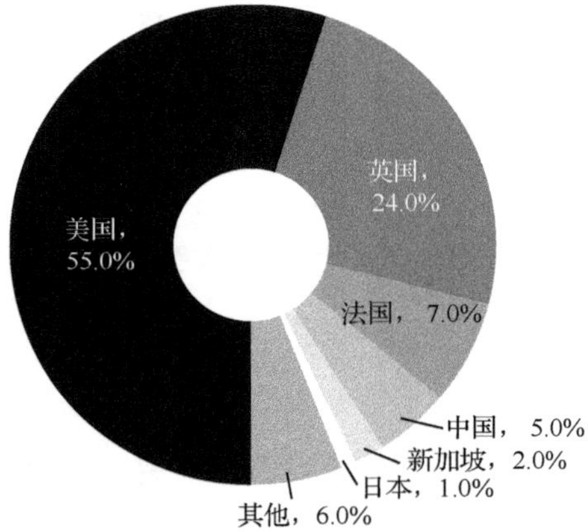

图 7-2　2021 年全球商业航天领域投资结构

数据来源：赛迪顾问，2022 年 2 月

三、美中俄在多个产业环节取得显著发展成果

在航天运输装备研制方面，美国“猎鹰”及中国长征五号遥三重型运载火箭相继发射成功并投入使用，“猎鹰”火箭实现助推器及一级火箭回收复用，火箭复用技术越加成熟，中国长征十一号首次实现海上发射；在卫星装备研制方面，美中俄相继推进导航卫星系统的更新换代和部署，美、中两国正在部署和构建新型遥感卫星观测系统；在载人飞船方面，美国近地轨道载人航天商业化取得阶段性突破，中国空间站系统核心舱研制工作稳步推进；在深空探测方面，中国“嫦娥五号”实现月球着陆并成功取样返回地球，“天

问一号”实现火星环绕探测并着陆，美国“毅力号”火星探测器成功实现近阳探测和火星着陆。

第二节 中国发展概况

一、中国全速推进航天活动商业化

近几年，中国陆续出台促进商业航天发展的相关措施。2016年，国务院发布的《2016中国的航天》白皮书规定，鼓励引导民间资本和社会力量参与航天活动，大力发展商业航天。2019年，工业和信息化部、国防科工局联合出台《遥感和空间科学卫星无线电频率资源使用规划（2019—2025年）》，将中国商业航天测控网建设提上日程，进一步鼓励、规范和引导商业遥感卫星发展。2019年，国家航天局发布《关于促进商业运载火箭规范有序发展的通知》，全力推进航天运输系统技术和产业创新。2022年，国务院新闻办发布《2021中国的航天》白皮书，指出未来5年，中国将培育壮大空间应用产业，培育发展太空旅游、太空生物制药、太空育种等太空经济新业态，同时将完善卫星应用产业发展政策，研究制定商业航天发展指导意见，促进商业航天快速发展。

二、中国商业航天产业规模保持稳定增长

中国商业航天产业已经初具规模，并且迈入产业发展的快车道。随着中国率先实现复工复产，经济复苏领先全球，2021年中国商业航天产业规模突破8600.0亿元，同比增长7.6%，远高于全球市场增速（见图7-3）。

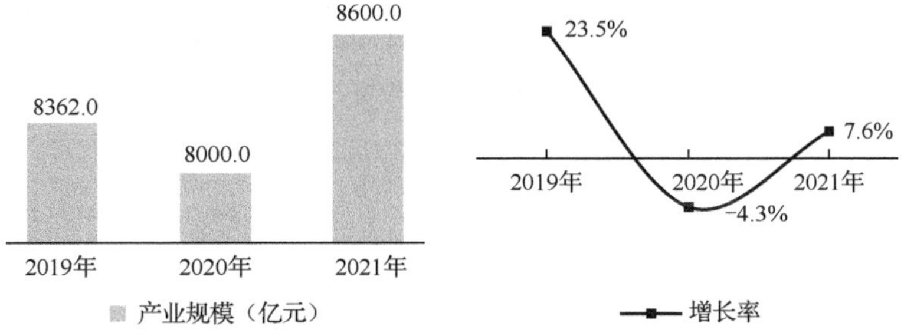

图7-3 2019—2021年中国商业航天产业规模与增长率

数据来源：赛迪顾问，2022年2月

三、华东地区是中国商业航天企业重点集聚区

从区域结构来看，中国商业航天企业重点集聚区主要分布在华东、华南地区，尤其是华东地区的山东省、上海市以及华南地区的广东省，重点企业数量最多（见图 7-4）。从产业环节分布来看，运输装备研制主要分布在华东、华北和西北地区；卫星装备研制、运营及应用服务主要分布在华东、华南地区；发射装备研制主要分布在华东地区。

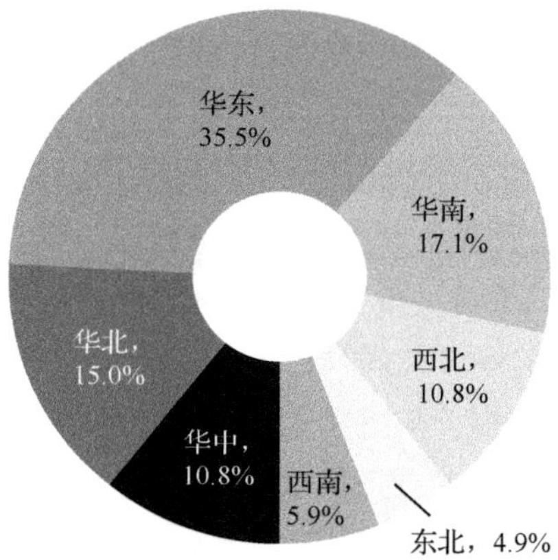

图 7-4　2021 年中国商业航天重点企业区域结构

数据来源：赛迪顾问，2022 年 2 月

第三节　产业链分析

商业航天产业链主要涵盖关键材料与部件、商业航天重点装备体系如火箭和卫星等空中装备的设计、制造和发射、地面设备设计与制造以及运营及应用服务等环节（见图 7-5）。其中，关键材料与部件主要包括材料、燃料、零部件与电子元器件。商业航天重点装备体系主要包括卫星装备、运输装备、空间设备、地面站及终端装备、发射装备和天地往返系统。运营及应用服务主要包括测控、导航、通信及遥感等运营服务以及通信应用、导航系统、遥感监测、深空探测、空间搭载与解决方案等应用服务。从产业链关键环节发展阶段来看，中国商业航天产业已完成从卫星装备设计研制、运输装备研制发射到卫星在轨运营及商业化应用的进程，持续深耕导航、通信与遥感三大主流市场，不断扩展卫星互联网、高通量及科研实验卫星等应用场景。

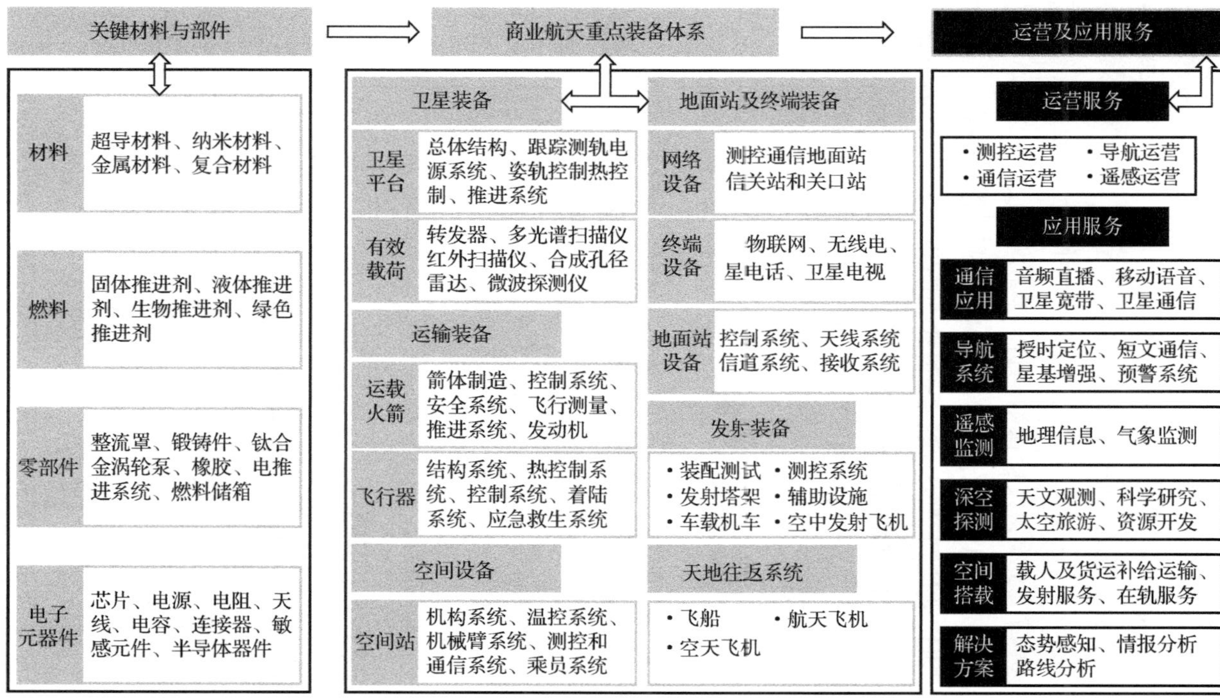

图 7-5　商业航天产业链示意图

数据来源：赛迪顾问，2022 年 2 月

一、重点装备方面取得重大进展

当前，中国商业航天装备取得重大进展，运载火箭发射成功率居世界领先地位，在轨航天器数量排世界第二名。“虹云”工程、“鸿雁”星座首颗低轨卫星发射成功，北斗导航卫星全球部署并成功运营，高分辨率对地观测系统已初具规模。随着通信技术试验卫星九号的顺利登空，2021 年，中国航天发射次数已经达到了 55 次，发射次数居世界首位。2022 年 2 月，中国使用长征八号运载火箭，以“1 箭 22 星”方式成功发射卫星。长征系列运载火箭在 2021 年的发射次数达到了 48 次，发射成功率高达 100%，创下有史以来最高纪录。中国民营企业航天业务取得重大进展，已实现了国内民营火箭的首次连续成功和首次一箭多星商业发射的突破，同时运载火箭重复回收利用也已进入飞行试验阶段。

二、运营及应用服务已成规模

2021 年，中国商业航天在轨运行应用卫星数量约 400 颗，形成了以中星、亚太、天通、风云、高分等系列卫星为代表的卫星体系和以北斗系统和高分遥感卫星为主的运营及应用服务体系。其中，北斗导航技术在农业生产服务方面大有作为，已有超过 10 万台的各类农机设备安装了北斗系统，节约了 50%的用工成本，仅湖北省就推广了约 33 万台（套）北斗终端，节省成本上千万元。

第四节　存在的问题

一、创新激励体制有待进一步完善

中国商业航天缺乏国家级创新中心、技术成果转化及产学研合作等重要创新载体，创新服务体系尚未完全建立。目前，中国商业航天创新主力军仍以科研院所为主，民营企业因为会面临研发投入大于实际收益、缺乏基础研究积累等问题，导致融资后劲不足，低水平重复建设不断发生。以美国 SpaceX 为例，该公司高度重视原始创新，坚持对核心技术的研发，通过投入大量的研发资金，最终提出了运载火箭重复使用和近地轨道“星链计划”的技术发展路线。

二、企业研发能力与部分发达国家差距较大

目前，中国商业航天发展正处于起步阶段，与西方部分发达国家存在较大的差距，短板问题仍较为突出，受制于人的局面没有得到根本性改变。以发射成本为例，美国 SpaceX 公司在增加火箭有效载荷完成“一箭多星”和火箭复用技术领域取得突破，发射成本有明显优势。

三、支撑行业可持续发展的资源要素急需补充

中国商业航天产业人才缺失、投融资金匮乏、配套设施不全、前沿市场应用重视不够等诸多问题不容小觑。首先，对于高价值投入、技术密集型的商业航天而言，人才是产业生态建设的根本，目前，中国民营商业航天企业人才主要来源于体制内的航天行业及相关领域，人才梯队储备和建设相对薄弱。其次，商业航天产业生态的建设离不开大量投融资金支持，美国的商业航天投融资金额占世界商业航天投融资总金额近 70%，是世界商业航天活动最活跃的国家。

第五节 措施建议

一、统筹推进锻长板、补短板工作，加快提升产业链现代化水平

构建安全高效的现代化产业链是落实高质量发展的重要战略举措。一方面，应建立商业航天领域的产业链供应链图谱，全面梳理国内商业航天产业链上下游各环节，集聚现有企业核心优势，统筹推进锻长板、补短板工作；另一方面，应立足产业已有规模优势，做好产业整体布局，分环节进行产业链供应链战略设计，从符合国家未来战略以及全球市场需求的角度入手，培育一批具有主导力和核心竞争力的企业。

二、持续加强新一代信息技术与制造业深度融合，促进商业航天向高质量方向发展

在自主创新方面，应完善技术创新市场导向机制，大力鼓励企业进行颠覆性技术自由探索，重点布局互联网、人工智能、区块链等新一代信息技术，培育壮大发展新动能，进一步降低相关制造成本和发射风险；在避免低水平

重复建设方面，鼓励民营龙头企业联合高等院校、科研院所和行业上下游企业，集合力量开展商业航天产业共性基础技术研发，实现跨域乃至跨国商业航天合作，共同推动商业航天主体多元化、管理制度现代化、运行机制市场化等。

三、加速推进商业航天领域顶层设计，统筹规划产业要素资源并进行合理配置

一是应加强商业航天领域技术创新、基础设施等相关顶层政策细化设计，推动国家航天科研平台、科技报告等中高端产业要素对外开放，建立与中小企业联动发展的市场主体机制；二是应借鉴他国成功经验，设立大规模发展基金，发展天使投资、创业投资，支持民营航天企业研发和生产，统筹规划航天产业各环节要素资源并进行合理配置；三是完善商业航天人才评价和激励机制，选好用好行业领军人才和拔尖人才。

第八章

无人机

2021 年，新冠肺炎疫情持续蔓延，全球产业链供应链和国际贸易环境不稳定因素增多，无人机企业生产经营活动受到负面影响，但与 2020 年相比有较大幅度改善。2021 年，全球无人机产业规模达到 117.7 亿美元，同比增长 25.2%，中国无人机产业规模依然遥遥领先，占比超过 80%，大疆创新依然是全球最具竞争力的无人机企业。无人机的应用场景不断丰富，其中，工业级无人机在安防监控、应急保障、能源巡检、农林植保等应用场景中的应用深度和广度不断提升，消费级无人机以航拍等典型应用需求为主。2021 年，中国无人机产业总体未受到疫情明显影响，在物流、电力巡检、农林质保等领域的应用逐步深入，产业规模增速重回两位数，保持中高速发展态势。

第一节　全球发展综述

一、全球无人机产业规模高速增长

2021 年全球无人机产业规模出现较大幅度回升，产业规模达 117.7 亿美元，同比增长 25.2%（见图 8-1）。

二、工业级无人机产业规模占比近七成

2021 年，随着无人机在物流、巡检等各类应用场景中的进一步推广应用，工业级无人机发展保持较高增速，全球工业级无人机产业规模达 80.0 亿美元，同比增长 26.6%。此外，用于航拍等场景的消费级无人机产品备受消费者青睐，全球消费级无人机产业规模也保持了较快的增长速度，达 37.7 亿美元，同比增长 22.3%（见表 8-1）。

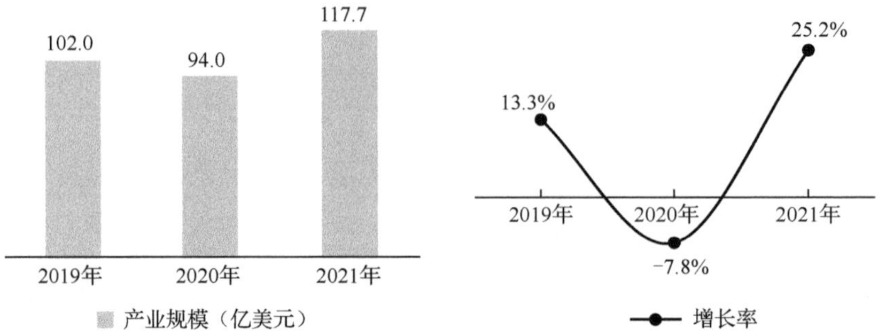

图 8-1　2019—2021 年全球无人机产业规模与增长率

数据来源：赛迪顾问，2022 年 2 月

表 8-1　2021 年全球无人机产业结构

	2020 年规模（亿美元）	2021 年规模（亿美元）	同比增长	2021 年规模占比
工业级无人机	63.2	80.0	26.6%	68.0%
消费级无人机	30.8	37.7	22.3%	32.0%
合计	94.0	117.7	25.2%	100%

数据来源：赛迪顾问，2022 年 2 月。

三、中国无人机产业规模遥遥领先

中国无人机产业规模在全球属于领先水平，生产和配套能力全球领先。中国凭借产品多样性、设计领先性及价格优势，成为全球无人机的主要生产制造国家。中国无人机产业规模在全球无人机产业规模中的占比逐年提高，2021 年达 81.5%，美国、欧洲的占比小幅回落，分别为 8.9%和 6.1%（见图 8-2）。

四、无人机智能化水平和载荷能力进一步提升

无人机智能化水平和载荷能力是体现无人机技术性能的关键。在智能化水平方面，随着新一代信息技术在无人机领域的应用不断加深，智能视觉、自动驾驶、深度学习持续赋能无人机产品，使无人机智能化程度进一步提升；在载荷能力方面，随着无人机动力系统的不断升级，无人机搭载任务载荷的重量上限不断提升，同时，随着行业应用的不断深入，无人机面向不同应用场景所搭载的任务载荷和应用软件的能力也得到进一步提升。

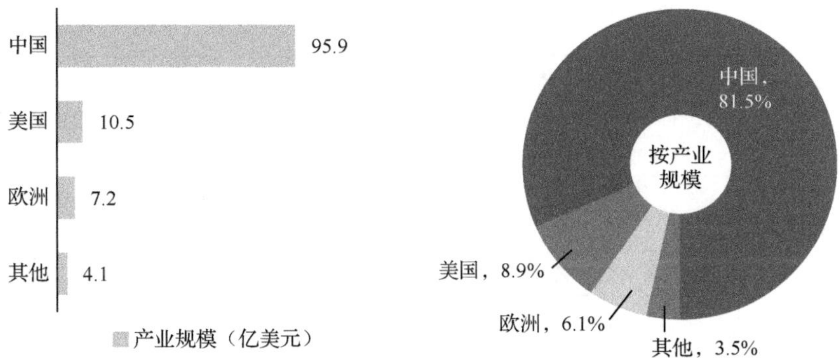

图 8-2　2021 年全球无人机产业规模区域结构

数据来源：赛迪顾问，2022 年 2 月

第二节　中国发展概况

一、无人机产业行业治理能力有序提升

统计数据是行业治理的重要战略资源。2021 年，中国民用航空局发布《关于推进民航统计现代化改革的若干意见》，重点提到要“拓展统计调查领域”“研究提出民航新业态、新模式统计思路与实施路径，推进航空物流、无人机等新兴领域统计调查”，将着力拓展在无人机领域中的相关统计调查，逐步提升无人机行业治理能力。国家标准化管理委员会、工业和信息化部等六部委联合发布《无人驾驶航空器系统标准体系建设指南（2021 年版）》，提出“根据当前无人驾驶航空器行业发展现状，加快推进无人驾驶航空器系统标准制定工作，建立健全无人驾驶航空器系统标准体系”，将进一步促进中国无人机产业健康、有序、持续发展（见表 8-2）。

表 8-2　2019—2021 年中国无人机产业主要政策

颁布时间	颁布主体	政策名称
2019 年	中国民用航空局	《轻小型民用无人机飞行动态数据管理规定》
	中共中央、国务院	《交通强国建设纲要》
	教育部	《中等职业学校专业目录》
	中国民用航空局	《特定类无人机试运行管理规程（暂行）》
	中国民用航空局	《基于运行风险的无人机适航审定指导意见》

续表

颁布时间	颁布主体	政策名称
2020年	国家市场监督管理总局、国家标准化管理委员会	《无人机用氢燃料电池发电系统》
	中国民用航空局	《民用无人驾驶航空实验基地（试验区）建设工作指引》
	国务院办公厅	《关于推进人工影响天气工作高质量发展的意见》
	中国民用航空局	《关于推动新型基础设施建设促进民航高质量发展的实施意见》
2021年	中国民用航空局	《关于推进民航统计现代化改革的若干意见》
	工业和信息化部、国家标准化管理委员会、中国民用航空局、国家能源局、自然资源部、农业农村部	《无人驾驶航空器系统标准体系建设指南（2021年版）》

数据来源：赛迪顾问，2022年2月。

二、中国无人机产业规模增速提升

2021年，中国无人机产业总体未受到新冠肺炎疫情的明显影响，在物流、电力巡检、农林植保等领域的应用逐步深入，产业规模增速重回两位数，保持中高速发展态势。2021年，中国无人机产业规模达652.1亿元，增长率达22.8%（见图8-3）。

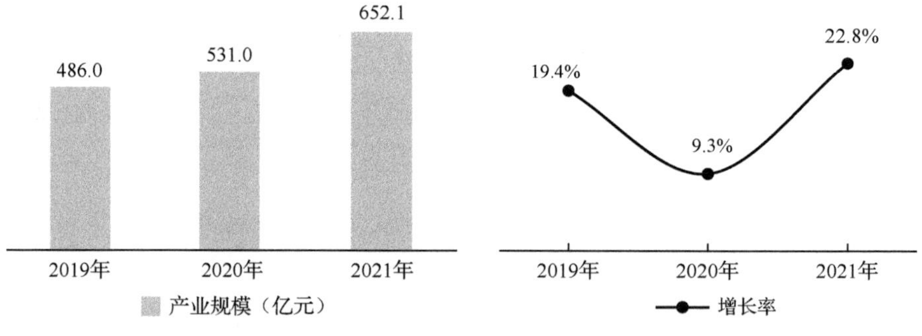

图8-3　2019—2021年中国无人机产业规模与增长率

数据来源：赛迪顾问，2022年2月

三、工业级无人机产业规模占比达六成

2021年，无人机的应用场景不断深入，其中工业级无人机在安防监控、应急保障、能源巡检、农林植保等应用场景中的应用深度和广度不断提升，

进一步带动了工业级无人机产业的增长，2021 年中国工业级无人机产业规模达 399.6 亿元，在全国无人机产业规模中占比为 61.3%。在消费级无人机中，航拍无人机等典型产品备受青睐，2021 年中国消费级无人机产业规模达 252.5 亿元，在全国无人机产业规模中占比为 38.7%（见图 8-4）。

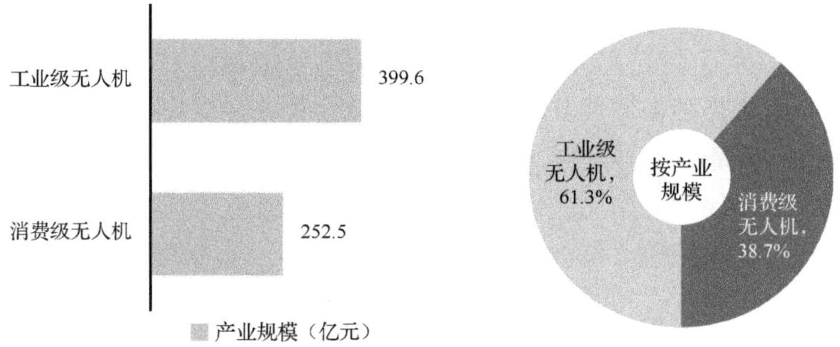

图 8-4　2021 年中国无人机产业规模结构

数据来源：赛迪顾问，2022 年 2 月

四、中南地区无人机产业规模优势依旧明显

深圳无人机产业集群是全国无人机产业集聚度最高的产业集群，受此带动，2021 年中南地区无人机产业规模达 489.7 亿元，占全国比重为 75.1%。华东、华北地区相关省市越发重视无人机产业发展，近年来出台了系列政策文件，以促进无人机产业的发展，2021 年，华东、华北地区无人机产业规模分别为 65.9 亿元和 60.0 亿元，在全国无人机产业规模中的占比较 2020 年小幅提升，分别为 10.1%和 9.2%（见图 8-5）。

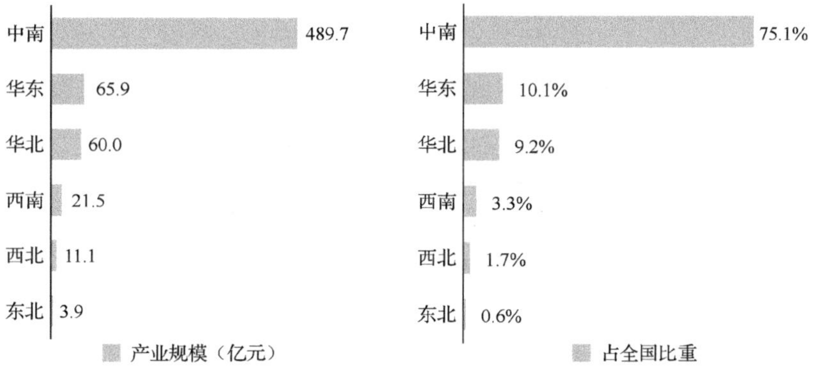

图 8-5　2021 年中国无人机产业规模区域结构

数据来源：赛迪顾问，2022 年 2 月

五、航拍产品规模占比超三成

2021 年受到应用场景推广加速的带动，航拍、植保、电力巡检、安防等重点产品规模持续提升。从产品规模总量来看，航拍无人机产品依然是中国无人机产品中占比最高的产品种类，2021 年航拍无人机产品规模达 199.5 亿元，在中国无人机产品规模中的占比达 30.6%，植保无人机和电力巡检无人机产品规模紧追其后，分别达到 163.8 亿元和 83.9 亿元（见表 8-3）。从产业环节来看，工业级无人机中用于电力巡检、物流等的产品占比基本保持稳定，植保和安防无人机产品规模占比较 2020 年小幅提升；在消费级无人机中，航拍无人机产品依然占据主导地位，娱乐无人机产品规模占比也有一定提升。

表 8-3　2021 年中国无人机产品规模

产 业 环 节	重 点 产 品	2021 年规模（亿元）
工业级无人机	植保	163.8
	电力巡检	83.9
	安防	59.9
	物流	32.0
	测绘	20.0
消费级无人机	航拍	199.5
	娱乐	25.3
	航模	15.2

数据来源：赛迪顾问，2022 年 2 月

第三节　产业链分析

中国无人机产业链由上游设计测试、中游整机制造和下游运营服务 3 个环节构成（见图 8-6）。上游设计测试包括总体设计和集成测试 2 个方面，是技术要求较高的环节。中游整机制造包括飞行系统、地面系统、任务载荷 3 个方面，是竞争最为激烈的环节，未来仅能够进行组装而无力生产飞控系统等关键零部件的企业将会逐渐遭到淘汰。下游运营服务主要包括飞行服务、租赁服务、培训服务 3 个方面，消费级无人机运营与服务相对简单，如不涉及维修一般不收取额外费用；工业级无人机运营与服务人员需要受到专业的

培训，企业一般以“产品+服务”的形式收取服务费用，这是产业附加值较高的环节。

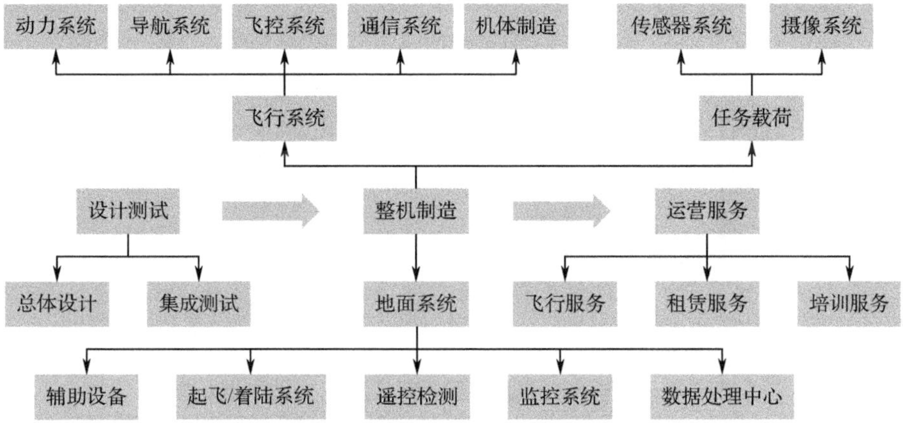

图 8-6　中国无人机产业链示意图

数据来源：赛迪顾问，2022 年 2 月

一、设计测试环节

近年来，设计测试环节未明显受到新冠肺炎疫情的负面影响，且受到了无人机应用场景持续扩展的利好拉动，整体保持良好增长势头，更多样的产品设计和多元的设计理念不断融入无人机设计测试当中。2021 年中国无人机设计测试环节产业规模为 130.3 亿元，增长率达 41.8%（见图 8-7）。

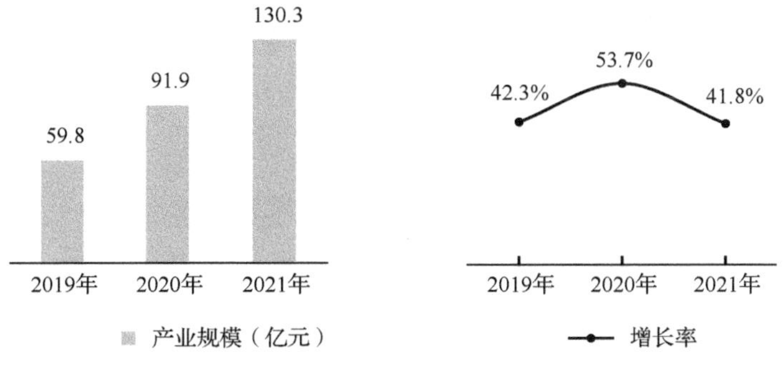

图 8-7　中国无人机设计测试环节产业规模与增长率

数据来源：赛迪顾问，2022 年 2 月

二、运营服务环节

我国疫情防控形势逐步向好，2021 年相关线下培训服务类需求有所回

暖，但运营服务环境受疫情防控影响，尚未恢复至疫情前水平。2021 年中国无人机运营服务环节产业规模达 85.5 亿元，增长率达 12.6%，产业规模相比 2019 年仍有一定差距（见图 8-8）。

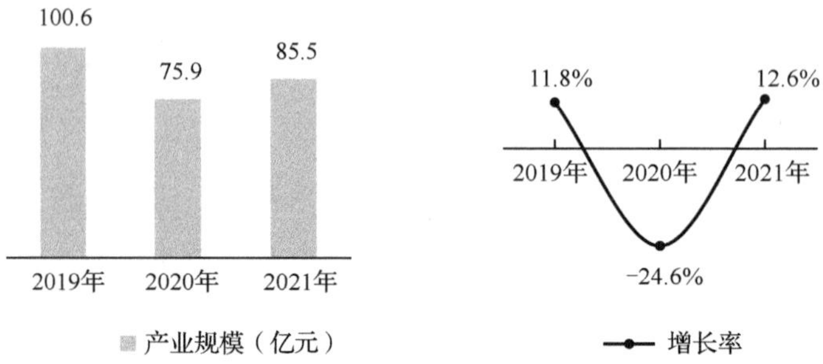

图 8-8　中国无人机运营服务环节产业规模与增长率

数据来源：赛迪顾问，2022 年 2 月

第四节　存在的问题

一、无人机行业监管不足的问题尚未得到根本解决

目前，中国无人机行业监管不足的问题尚未改变。在行业标准体系建设方面，现存标准体系结构仍存在大量管理标准、技术标准和基础标准的缺失，亟待进一步优化补全。在无人机飞行空域管理方面，虽然在海南等地开展了空域精细管理，明确划分了无人机的适飞区和管控区，对无人机的飞行监管具有较好的试点示范作用，但全国多样性试点示范案例依旧较少，优秀案例推广力度不足，大多数省份无人机飞行监管问题尚未得到解决。

二、国际品牌影响力与产业规模不相匹配

中国无人机产业规模全球领先，但在品牌影响力上，消费级无人机影响力远大于工业级无人机，尚未形成与产业规模同等的明显优势，无人机领域国际龙头公司影响力正在逐步提升。应加大品牌培育和推广力度，充分利用各类媒体平台做好宣传、策划工作，不断加大对外开放合作，进一步提升无人机重点区域及核心企业影响力。还应充分发挥会议、媒体等平台的作用，发动媒体宣传，实施品牌战略。

三、新技术和新场景应用广度有待提升

随着人工智能、大数据、5G、云计算等新技术新业态快速发展，数据的获取方式、存储方式、加密方式和传输方式均发生着新的变化。各类无人机应用场景逐步拓展出农业、电力、警用、测绘、应急救援、物流等多类。但总体来看，新技术在无人机中的应用性普遍较低，新场景的无人机市场规模依然较小，今后应加大无人机中新技术和新场景的深度融合，不断拓展无人机产品的功能和服务范围，为无人机产业发展带来新增长。

第五节　措施建议

一、持续优化监管机制

首先，应聚焦无人机飞行空域管理，建立筛选试点示范模式和推进先进模式推广应用的工作机制，建立模式筛选和模式推广效果评价指标，发挥第三方机构能力，开展科学、客观的评价。其次，应聚焦行业标准体系建设，建立标准实施计划落实情况督办机制，及时了解相关行业标准编制的进度和面临的困难，并积极在其中发挥协调作用。最后，应聚焦持续优化监管工作，建立监管工作优化建议的沟通机制，定期组织召开会议，了解各领域、地区在行业监管实践过程中提出的其他优化建议。

二、加强产学研合作与应用场景创新

企业应聚焦提升企业的研发实力，持续跟踪新技术、新产品，提升企业的竞争力。建议企业提高研发的战略地位，将研发和产学研合作视为推动企业发展的核心动力，与国内高校、科研院所保持紧密的校企合作关系，特别是西北工业大学、北京航空航天大学、清华大学及华中科技大学等国内知名高校，共同谋发展、求进步。同时，聚焦应用场景，围绕需求开展持续创新，将更多的新技术、新产品应用于无人机产业当中，不断丰富无人机的产品功能。

三、加强数据采集与数据服务能力

随着无人机在各领域应用场景的不断深入，其发挥的作用也将不断凸显，无人机的数据采集能力和数据处理能力将是关键竞争力之一，建议企业

不断加强无人机的数据采集能力和处理数据能力，并基于对应用场景的理解，通过数据平台提供更具价值的延伸服务，增强客户黏性，建立新的业务增长点。

四、加强对5G技术的关注

5G 通信技术具有低时延、高可靠、大带宽、大规模连接等特性，5G+网联技术能够进一步为工业级无人机提供实时超高清回传、远距离低时延控制、精准定位、海量连接及状态监控等关键能力，助力工业级无人机拓展行业应用场景。未来，随着5G+网联技术不断成熟，工业级无人机应用的网络限制将被不断突破，基于5G+网联技术的工业级无人机产品有望在市场中得到大规模应用。

五、加快物流和环保监察等领域的无人机应用

2021年，中国快递业务量累计1083.0亿件，同比增长29.9%，快递物流无人机具有时效性强、可达性高、成本低等优势，目前，国内的中国邮政、顺丰、京东、圆通、中通等多家快递物流相关企业已开始尝试将快递物流无人机作为常规物流配送工具进行使用。未来，随着国内对工业级无人机监管措施的不断完善和工业级无人机相关技术的不断进步，快递物流无人机将迎来广阔的应用空间。随着中国“双碳”战略的实施和国家环境保护力度的不断加大，环保监察无人机也将迎来更多样的应用场景，相比传统人工环保监察，能够更精准、及时、全面地监测污染源。

第九章

轨道交通装备

轨道交通装备属于高端装备制造业，是指在特定轨道上运行的交通工具、运输装备及配套装备，涵盖铁路运输装备和城市轨道交通装备两大部分，铁路运输装备包括铁路客车、货车、机车等，城市轨道交通装备包括轻轨列车、有轨电车及地铁车辆等。自 2015 年中国发布制造强国战略以来，中国轨道交通装备产业处于高速发展期。2020 年，新冠肺炎疫情的蔓延重创全球轨道交通装备产业链供应链。2021 年，随着世界经济逐步恢复，全球轨道交通装备产业平稳复苏。从全球来看，中国轨道交通装备产品在产业链供应链不稳定的情况下实现了稳定供应，国际认可度明显提升。从国内来看，轨道交通装备头部企业技术研发能力持续增强，拥有自动识别技术、精准定位技术、智能检测技术和网络技术等智能化技术应用的生产线可显著提高生产效率和产品制造质量，将引领轨道交通装备制造未来发展趋势。

第一节　全球发展综述

一、全球轨道交通装备产业规模缓慢复苏

从全球来看，轨道交通装备产业强国主要为美国、日本、德国、法国等发达国家，其轨道交通装备产业发展较早，拥有成熟的轨道交通基础设施体系，但目前，基础设施与设备老旧化问题逐渐显现，轨道交通新旧装备更替和整车更新换代等方面的需求上升；在亚太新兴经济体中，中国、东盟十国、南非等新兴市场积极推进基础设施互联互通，促进区域间合作，带动轨道交通装备产业快速发展。2021 年，新冠肺炎疫情的持续蔓延造成进出口受阻、供应链断裂，对制造业影响较大，全球轨道交通装备产业在遭受疫情打击后

实现缓慢复苏，产业规模达到 1808.9 亿欧元（1 欧元约合 7.34 元人民币）（见图 9-1），短期内全球轨道交通装备产业复工复产、项目推进、市场拓展等前景仍不容乐观。

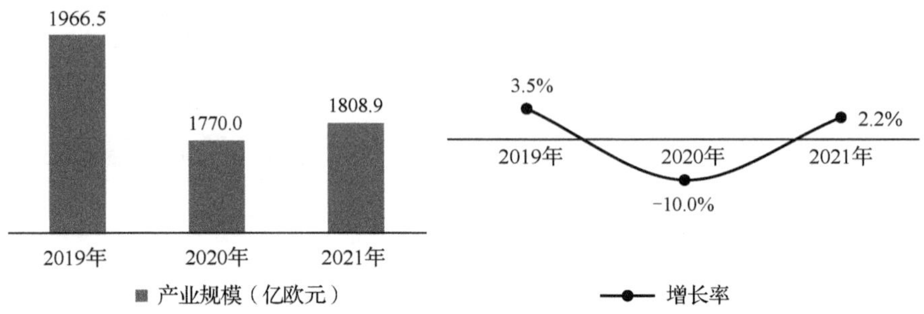

图 9-1　2019—2021 年全球轨道交通装备产业规模与增长率

数据来源：赛迪顾问，2022 年 2 月

二、轨道交通装备零部件规模占比扩大

轨道交通装备零部件制造涵盖通信系统、电气系统、牵引系统、转向系统及车身配套系统等。成熟的轨道交通装备市场孕育了众多国际化零部件制造企业，如克诺尔、西屋制动等，头部企业在产业持续发展中发挥引领作用。轨道交通装备零部件作为轨道交通装备产业最具代表性的领域，在轨道交通装备中占比最高，2021 年，其规模达 643.4 亿欧元，全球占比达 35.6%，相较 2020 年有扩大趋势；运维服务装备规模达 635.3 亿欧元，全球占比为 35.1%；整车装备规模达 530.2 亿欧元，全球占比为 29.3%（见图 9-2）。

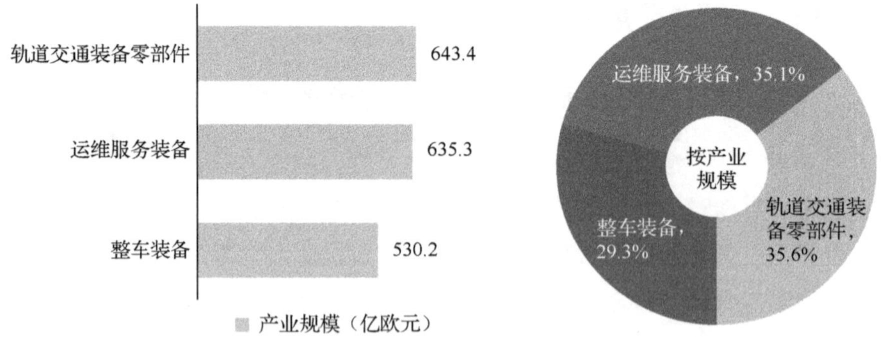

图 9-2　2021 年全球轨道交通装备产业结构与占比情况

数据来源：赛迪顾问，2022 年 2 月

三、亚太地区是轨道交通装备产业主阵地

从分布区域来看，欧洲、北美和亚太地区是轨道交通装备的主要集中区，产业规模处于全球领先地位。其中，地铁和轻轨主要分布在中国等亚洲国家，有轨电车集中分布在欧洲国家。从全球轨道交通装备产业规模区域结构来看，亚太地区（除日本外）占全球总规模比重最高，达 48.4%，欧洲次之，占全球总规模的 25.2%，北美地区占全球总规模的 15.0%（见图 9-3）。

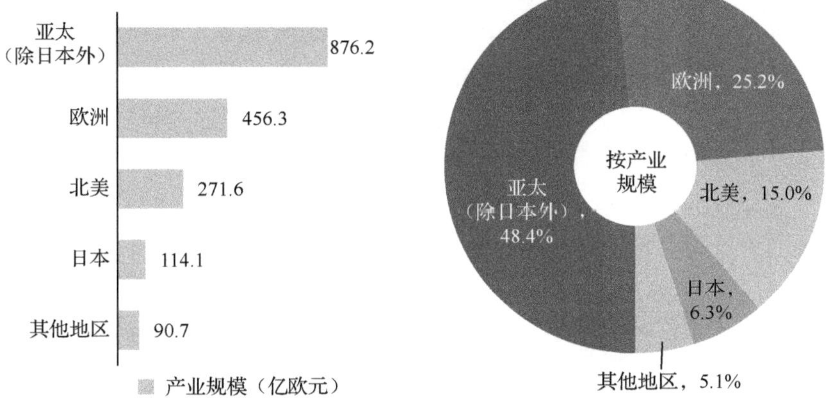

图 9-3　2021 年全球轨道交通装备产业规模区域结构

数据来源：赛迪顾问，2022 年 2 月

四、“智慧交通”体系引领轨道交通装备产业新变革

当前，以人工智能、云计算、信息网络、智能制造、新能源和新材料为代表的新技术高速发展并向传统制造业加速渗透。随着互联网技术与铁路、城轨交通深度融合，在大数据等相关技术的支持下，“智慧交通”体系正逐渐形成并引领全球轨道交通装备产业孕育新一轮全方位的变革。轨道交通装备在通信控制系统、综合监控系统和列车牵引制动技术等新一代数字信息技术的支撑下，可实现全自动无人驾驶及包括综合监控、信号、通信系统等子系统多专业的自动化监控及系统联动，使轨道交通运输更智能、更安全。

第二节　中国发展概况

一、产业规模实现回升

2021 年，中央预算内投资安排 6100 亿元继续支持促进区域协调发展的重大工程，实施交通等一批重大工程项目，在建轨道交通线路规模稳步增长，促进轨道交通装备产业在遭遇新冠肺炎疫情打击后逐步复苏。2021 年，中国轨道交通装备产业规模较 2020 年大幅反弹，达到 6293.4 亿元，同比增长 8.3%，在整车装备增长动力稍显不足的情况下，零部件和运维服务装备成为中国轨道交通装备产业规模增长的重要拉动力（见图 9-4）。

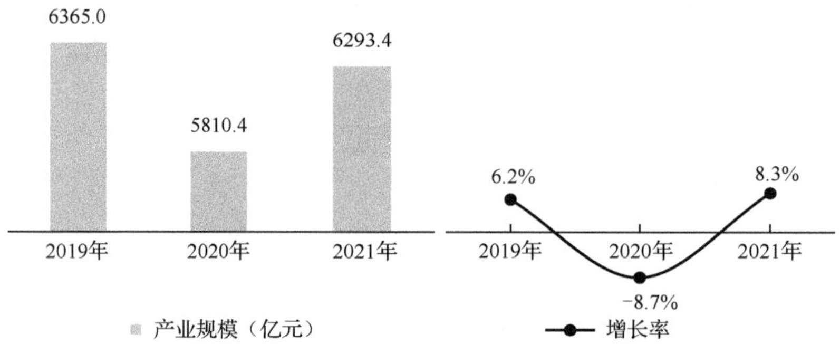

图 9-4　2019—2021 年中国轨道交通装备产业规模与增长率

数据来源：赛迪顾问，2022 年 2 月

二、轨道交通装备零部件占比最大，运维服务装备将进入发展黄金期

从轨道交通装备产业结构来看，2021 年，轨道交通装备零部件的规模为 2480.1 亿元，在全国轨道交通装备产业规模中占比最大，达 39.4%；其次为运维服务装备，规模为 1954.1 亿元，规模占比达 31.1%；整车装备规模为 1859.2 亿元，规模占比达 29.5%（见图 9-5）。

三、湖南、山东、河北、北京、江苏五省（市）产业规模全国领先

从轨道交通装备产业区域分布来看，湖南、山东、河北、北京、江苏五省（市）处于国内第一方阵，各省（市）产业规模均超过 400 亿元，五省（市）

总产业规模超过 2700 亿元，约占全国轨道交通装备产业规模的 43.9%（见图 9-6）。

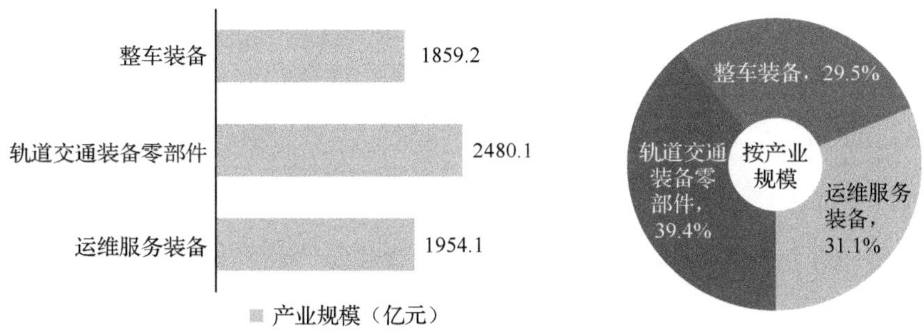

图 9-5 2021 年中国轨道交通装备产业规模细分领域结构

数据来源：赛迪顾问，2022 年 2 月

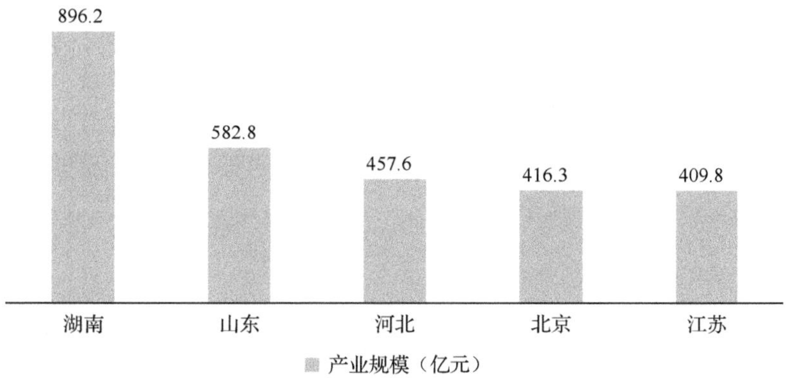

图 9-6 2021 年中国轨道交通装备产业规模区域［主要省（市）］结构

数据来源：赛迪顾问，2022 年 2 月

四、进出口分析

（一）轨道交通装备部分产品进口规模持续下降

在中国轨道交通装备中，海关有统计的类别是铁道或电车道电气信号安全或交通管理设备、轨道固定装置、机械交通管理等设备及零附件 3 类。由于新冠肺炎疫情对全球制造业产业链供应链的稳定性造成冲击，2019—2021 年，中国上述 3 类轨道交通装备产品的进口规模持续下降至 2.7 亿元，同比降低 22.9%（见图 9-7）。

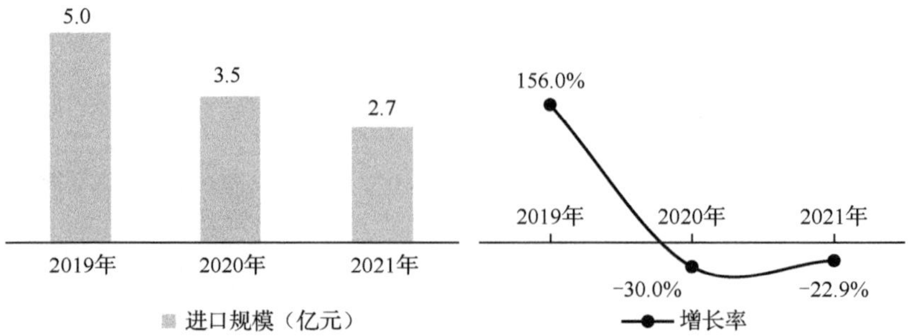

图 9-7　2019—2021 年中国轨道交通装备部分产品进口规模与增长率

数据来源：赛迪顾问，2022 年 2 月

（二）轨道交通装备部分产品出口规模呈上升趋势

中国轨道交通装备的生产能力逐年提高，轨道交通装备质量的国际认可度逐渐提升。2021 年，新冠肺炎疫情持续对全球制造业产业链供应链产生冲击，中国疫情防控措施有力，经济复工复产、市场拓展有序推进，带动轨道交通装备的出口规模大幅上升。2021 年，中国轨道交通铁道或电车道电气信号安全或交通管理设备、轨道固定装置、机械交通管理等设备及零附件的出口规模达 28.9 亿元，同比增长 55.4%（见图 9-8）。

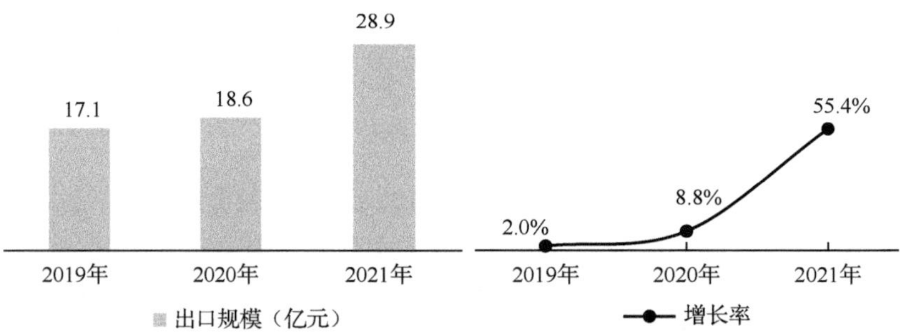

图 9-8　2019—2021 年中国轨道交通装备部分产品出口规模与增长率

数据来源：赛迪顾问，2022 年 2 月

第三节　产业分析

从产业分类来看，轨道交通装备产业主要包括轨道交通装备零部件、整车装备及运维服务装备三大部分（见图 9-9）。其中，轨道交通装备零部件主要包括用于生产整车装备的信号通信、车身配套、电气、牵引、转向及制动

等系统。整车装备主要包括用于干线铁路和城际铁路的动车组、地铁、有轨列车和单轨列车等。运维服务装备主要用于整车运营过程中的调度、指挥、检测与维护，包括轨道交通运营装备、检测维修装备等。整车装备是产业发展的引领力量，其高速发展有利于带动轨道交通装备零部件和运维服务装备的需求上升。

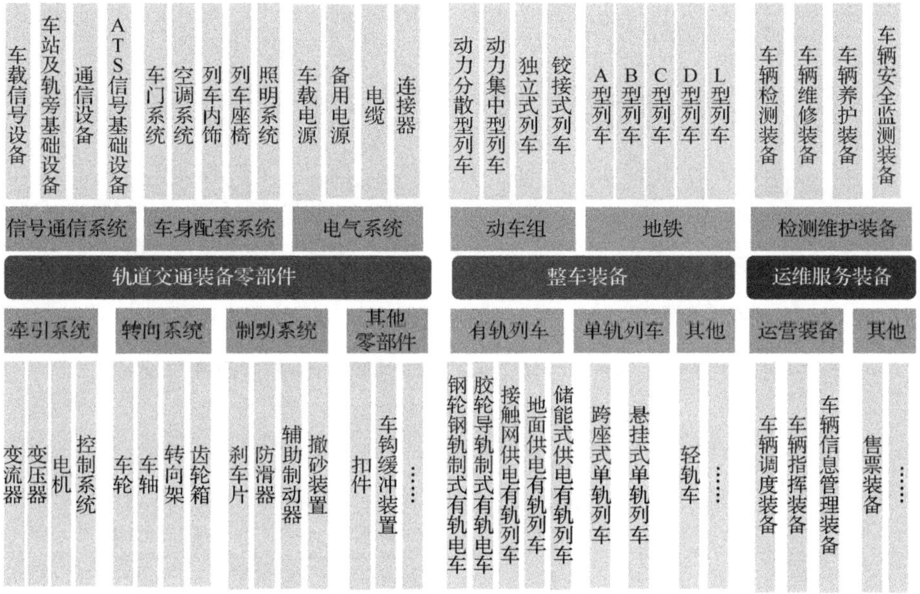

图 9-9 轨道交通装备产业分类示意图

数据来源：赛迪顾问，2022 年 2 月

一、轨道交通装备零部件

近年来，在国家政策的大力支持和引导下，国内轨道交通装备零部件企业研发能力不断提升，中高端产品逐步应用推广。国内零部件领军企业通过增强科技创新能力，不断开拓轨道交通信号、电气等系统产品和核心技术应用，国际市场竞争力得到提升。2021 年，中国轨道交通装备零部件规模达 2480.1 亿元（见图 9-10），超越新冠肺炎疫情暴发前的水平。

二、整车装备

轨道交通整车装备分动车组、地铁、有轨列车、单轨列车等类型。目前，中国轨道交通整车装备企业以中国中车为主，其以高铁为核心的高端轨道交通列车产品处于国际领先地位。2021 年，因国内外新冠肺炎疫情持续态势和产业链上下游复工复产进度不一，轨道交通整车装备供应链受到不同程度影响，致使企业无法顺利生产和交付产品，并且企业获取境外订单的难度加大，2021 年，中国整车装备规模达 1859.2 亿元，同比下降 3.5%（见图 9-11）。

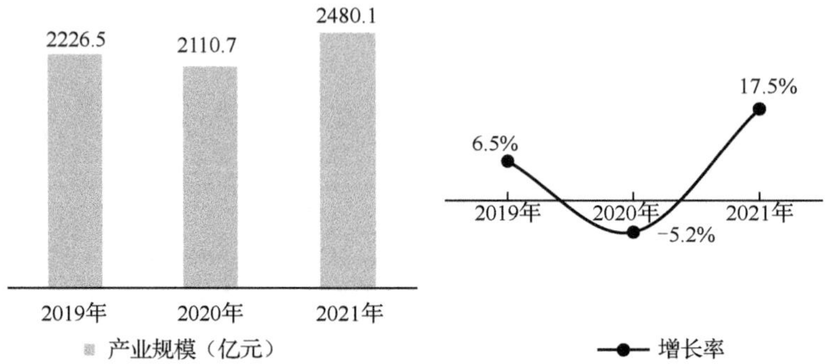

图 9-10　2019—2021 年中国轨道交通装备零部件产业规模与增长率

数据来源：赛迪顾问，2022 年 2 月

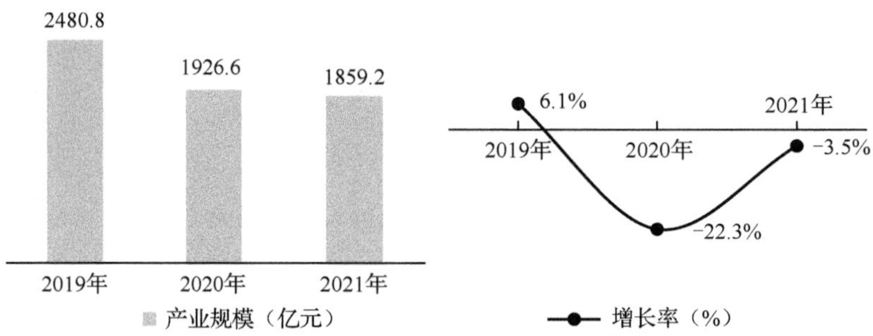

图 9-11　2019—2021 年中国轨道交通整车装备产业规模与增长率

数据来源：赛迪顾问，2022 年 2 月

三、运维服务装备

随着中国铁路和城市轨道交通的运营里程逐渐扩大，轨道交通运行车辆的存量在不断增加。截至 2021 年年底，全国铁路客车、货车存量分别达到 7.5 万辆、86.5 万辆，城市轨道运营车辆达 4.3 万辆。持续增加的运营车辆数量带动了轨道交通运营服务装备市场需求的上升。2021 年，运维服务装备规模达 1954.1 亿元，同比上升 10.2%（见图 9-12）。

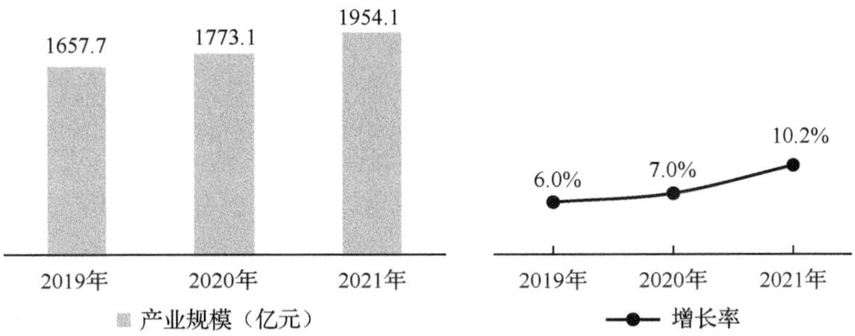

图 9-12 2019—2021 年中国轨道交通运维服务装备产业规模与增长率

数据来源：赛迪顾问，2022 年 2 月

第四节 存在的问题

一、投资运营成本高与盲目投产造成资源浪费

轨道交通具有运量大、安全便捷和节能环保等优点，但同时常伴随着较高的前期投资、技术要求和维护成本，短期内营收难以支撑投入成本。由于轨道交通工程的总体建设强度较大，对于建设及运营投入资金要求较高，而其主要营收来源于客流量带来的票务收入，但中国大多城市客运强度并不能达到收支平衡的临界值，导致轨道交通线路几乎每年亏空运营，营收与支出的双重压力对产业未来发展形成制约。

二、关键基础技术短板有待突破

历经数十年发展，中国轨道交通装备产业在全球范围内已实现从“跟跑”“并跑”到“领跑”的转变，并形成一整套独立研发的先进制造体系。但中国轨道交通装备产业在发展过程中，基础创新、基础材料、基础工艺和关键零部件方面仍存在工艺薄弱、研发投入不足等制约长期发展的短板，对中国轨道交通装备产业应对新冠肺炎疫情冲击、保障产业链供应链稳定形成挑战。

三、技术进步带来创新挑战

当今世界面临新一轮科技革命和产业变革，各国在技术和产业方面的竞争加剧，数字化、网络化、智能化成为国际竞争主阵地，现代技术的进步促使中国轨道交通装备产业探索未来发展的新方向，以占据发展的制高点和主动权。目前，中国在动车组和地铁面临的系统设备老化等问题方面，亟待发展人工智能、现代自动控制技术、计算机和网络技术、数字通信技术等新一代信息技术，以实现自动检测、智能维保等服务，保障列车安全性能。

第五节　措施建议

一、针对关键基础技术短板加快推动研发平台建设

关键基础技术研发在轨道交通装备技术研发、标准体系构建、运营与管理人才培养方面都发挥着重要作用。当前，中国关键技术研发分布较为集中，同时，中国轨道交通装备技术和工艺人才素质难以满足要求，将增加轨道交通的建设安全风险。因此，建议政府持续扩大研发中心建设，推进轨道交通系统领域核心技术研发、系统集成测试和人才基地培育，推进新一代列车运行控制系统的研究和产业化。

二、加强科学技术创新能力

从总体来看，中国轨道交通装备零部件领域的基础技术工艺和基础材料加工技术发展仍然存在短板，国内产品与国外发达国家产品相比仍有差距。在新冠肺炎疫情冲击之下，轨道交通装备产业链供应链稳定性面临挑战，因此，中国轨道交通装备企业应着力增强科学技术研发创新能力，加快新材料、新技术、新工艺及数字化、智能化、网络化技术在先进轨道交通装备上的应用，引领轨道交通领域技术创新模式。

三、探索“政府+社会”多元融资参与轨道交通建设运营

轨道交通建设具有投资成本高、回报周期长、利润效益低等特点，可能导致多数轨道交通项目建成运营前期持续亏损，因此，以往依赖政府投资的建设运营模式较难满足轨道交通长期发展的需求。近年来，随着社会资本融资规模的扩大，中国政府可以探索推广“政府+社会”的 PPP、BOT、BT 等多元融资模式，通过拓宽对外合作、融资租赁等方式与社会合作参与轨道交通建设运营，以缓解政府融资压力，分散建设与运营成本。

第十章

工业电商

工业电商作为新一代信息技术与制造业融合产生的新业态新模式之一，是促进制造业供应链协同的有效手段，正加速推进制造业生态系统的深刻变革。近年来，中国工业电商平台交易规模稳步增长，工业电商领域投融资热度持续高涨，多家企业以上市为目标加速扩大规模。随着新一代信息技术与制造业融合程度的持续加深，工业电商模式将进一步得到创新。

第一节　全球发展综述

一、产业数字化转型升级需求迫切，为工业电商加速发展带来契机

当前，国际国内环境发生了复杂而又深刻的变化，尤其在新冠肺炎疫情常态化防控的背景下，产业数字化转型变得更加迫切。近年来，新一代信息技术与制造业深度融合逐渐成为中国实现经济高质量发展的重要课题，工业电商作为新一代信息技术与制造业融合产生的新模式新业态，为工业企业节省采购成本、缩短采购时间，促进工业企业供应链协同，实现供需即时对接，保障工业供应链稳定，是产业数字化转型过程中不可或缺的部分。

二、中国工业经济稳中有进，为工业电商发展提供优质土壤

自改革开放以来，中国经济经历高速发展后进入新常态，制造业作为立国之本、强国之基，长期以来稳步增长。中国工业增加值占世界比重已经从1991年的2.1%，增长到2020年的25.3%。2020年，中国工业电子商务普及率达到63%。随着新一代信息技术与制造业融合的深入，工业电商将逐渐成

为中国工业企业供应链管理的必要环节，在中国庞大的工业经济体系下，工业电商市场空间将得到进一步释放。

三、提高产业链供应链稳定性与竞争力日趋重要，急需工业电商串联产业链供应链上下游各环节

新冠肺炎疫情对全球产业链供应链造成巨大打击，当前，中国高度重视提高产业链供应链稳定性与竞争力，急需工业电商串联工业产业链供应链上下游各环节，提升产业链数字化水平。通过工业电商平台与工业互联网平台融通发展，即时打通工业生产数据、物资需求数据、市场供应链数据、调度分配数据等壁垒，有效打破信息孤岛，实现供应链协同，帮助企业实现对资源和市场的快速响应，积极应对多变的市场环境，从而提高产业链供应链的稳定性与竞争力。

第二节　中国发展概况

一、2021年中国工业电商平台产业规模达12.8万亿元

2021年，新一代信息技术与制造业融合持续深入，工业电商在加快工业企业供应链协同、促进复工复产等方面发挥了重要作用，工业电商平台产业规模增速加快。2021年中国工业电商平台产业规模保持增长，达128320.0亿元，同比增长14.0%（见图10-1）。

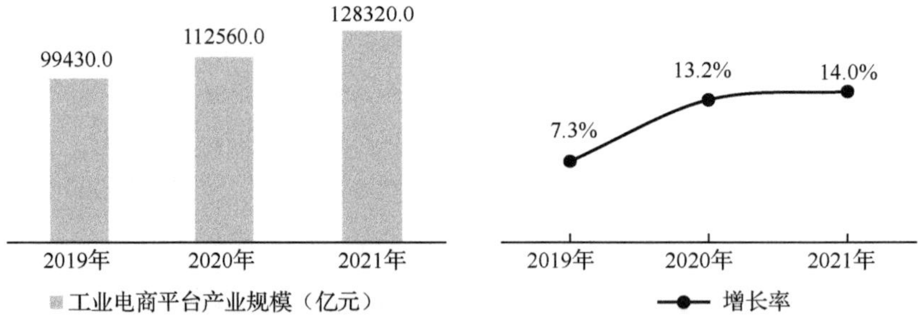

图10-1　2019—2021年中国工业电商平台产业规模与增长率

数据来源：赛迪顾问，2022年2月

二、直接物料电子商务平台产业规模占比保持最高

2021年，直接物料电子商务平台的产业规模仍然占比最大，达90.5%。

MRO 电子商务平台的产业规模占中国工业电商平台产业规模的 6.7%。综合电子商务平台的产业规模约占中国工业电商平台产业规模的 2.7%。能力资源电子商务平台尚处在起步阶段，大部分企业尚未盈利，产业规模较小，占中国工业电商平台产业规模比重约 0.1%（见图 10-2）。

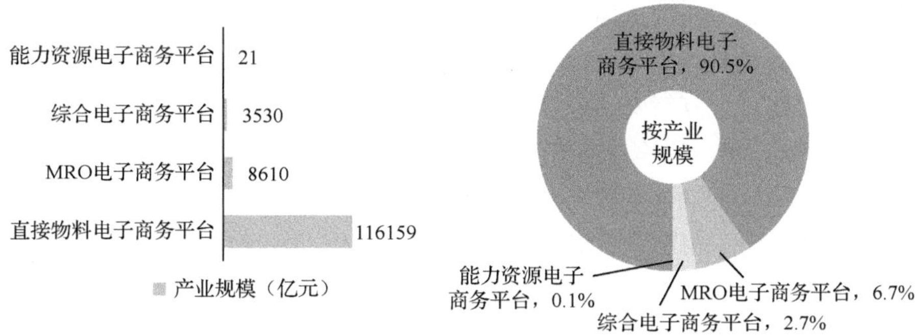

图 10-2 2021 年中国工业电商平台细分领域规模结构

数据来源：赛迪顾问，2022 年 2 月

三、华东和中南地区工业电商平台产业规模全国领先

从规模分布来看，中国工业电商平台交易主要集中在工业经济较发达、制造业基础雄厚的华东和中南地区，其工业电商平台产业规模约占全国总量的 7 成，是中国工业电商交易的主要集聚地。西北和东北地区工业电商平台产业规模较小，两地区总计约占全国总量的 1/10。整体看来，工业电商平台规模分布与经济发展水平呈正相关：经济发展水平高的地区产业规模大；经济发展水平低的地区产业规模小（见图 10-3）。

图 10-3 2021 年中国工业电商平台产业规模区域结构

数据来源：赛迪顾问，2022 年 2 月

四、多项"十四五"规划布局工业电商，助推产业发展走向快车道

2021 年，多个"十四五"专项规划对工业电商发展作出布局，引导工业电商向制造端和服务端延伸，助力打造智慧供应链。商务部、中央网信办、国家发展改革委联合发布的《"十四五"电子商务发展规划》提出，鼓励电子商务平台与工业互联网平台互联互通、协同创新，推动传统制造业企业"上云用数赋智"，建立以电子商务为牵引的新型智能制造模式。《"十四五"信息化和工业化深度融合发展规划》提出，引导大型制造业企业采购销售平台向行业电子商务平台转型，提高企业供应链协同水平；引导第三方工业电子商务平台向网上交易、支付结算、供应链金融、大数据分析等综合服务延伸，提升平台运营服务能力。《"十四五"智能制造发展规划》提出，引导"链主"企业建设协同平台，带动上下游企业同步实施智能制造，打造智慧供应链。如表 10-1 所示为 2019—2021 年中国工业电商领域主要政策。

表 10-1　2019—2021 年中国工业电商领域主要政策

颁布时间	颁 布 主 体	政 策 名 称
2019 年	商务部等十二部门	《关于推进商品交易市场发展平台经济的指导意见》
	工业和信息化部	《关于促进制造业产品和服务质量提升的实施意见》
2020 年	工业和信息化部	《关于有序推动工业通信业企业复工复产的指导意见》
	工业和信息化部、国家发展改革委等十五部门	《关于进一步促进服务型制造发展的指导意见》
2021 年	商务部、中央网信办、国家发展改革委	《"十四五"电子商务发展规划》
	工业和信息化部	《"十四五"信息化和工业化深度融合发展规划》
	工业和信息化部	《"十四五"智能制造发展规划》

数据来源：赛迪顾问，2022 年 2 月

第三节　产业链分析

按照工业电商平台的商品类型，工业电商平台可以分为 4 类，分别是直接物料电子商务平台、MRO 电子商务平台、能力资源电子商务平台和综合电子商务平台（见图 10-4）。

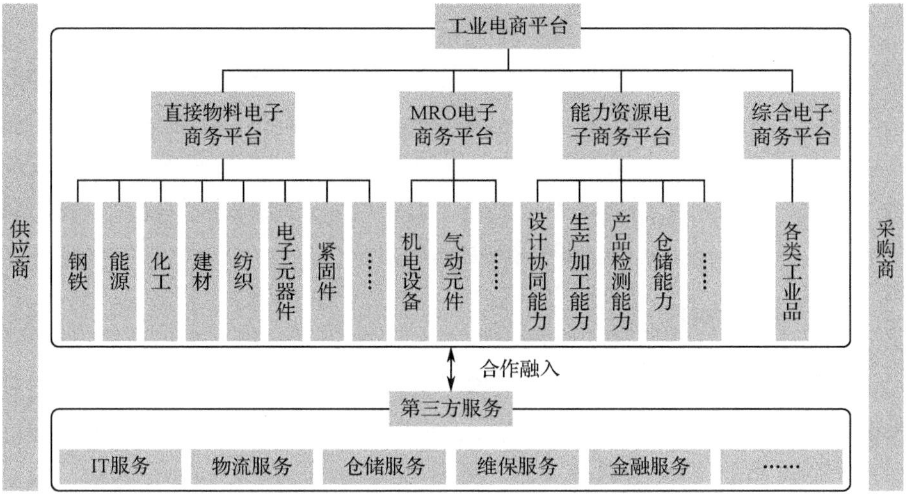

图 10-4　工业电商产业链示意图

数据来源：赛迪顾问，2022 年 2 月

一、工业电商平台

直接物料电子商务平台：主要交易为钢铁、能源、化工、建材等生产制造原材料和电子元器件、汽车配件等直接构成工业商品的零部件。代表企业有找钢网、欧冶云商等。直接物料电子商务平台在工业电商领域中企业数量最多，交易规模最大。2021 年，直接物料电商赛道持续火热，多家企业递交了申请上市材料，也有企业成功上市，填补了 A 股工业自动化采购环节企业的缺失。

MRO 电子商务平台：主要交易为机电设备、气动元件等不直接构成工业品，只用于维护、维修、运行生产设备的物料和服务，交易商品较模块化、标准化。代表企业有震坤行工业超市、京东工业品等。2021 年，部分 MRO 电子商务平台继续关注服务延伸，推进供应链与金融、物流等服务环节的链接，服务中小企业，关注中小企业综合竞争力提升，助力中国工业经济发展。

能力资源电子商务平台：主要交易为设计协同能力、生产加工能力、产品检测能力、仓储能力等工业及生产性服务业资源，是“共享经济”的主要实施手段之一，能够有效配置闲置工业资源。代表企业有智能云科、云工厂等。2021 年是能力资源电商平台收获荣誉的一年，多家能力资源电子商务平台企业获得国际、国内奖项，向国内外证明了能力资源共享交易新模式的可行性。

综合电子商务平台：交易为各类工业品，大多是传统电商平台从消费品交易向工业商品交易的延伸拓展，此类企业熟知电子商务运营，具备较强的资源整合能力。代表企业有 1688、慧聪网等。2021 年，多家综合电子商务平台企业深入探索工业电商新模式，先后提出产业数字化解决方案，链接交易、物流、客服、金融等环节，实施“工业电商+工业服务”模式，逐渐从单一的工业电商平台向工业服务提供商转型。

二、第三方服务

第三方服务包括 IT、物流、仓储、维保、金融、保险等各类服务，工业电商平台企业与第三方服务企业合作，为用户提供了更好的交易体验。2021 年是工业电商 IT 服务爆发的一年，多家 IT 解决方案供应商获得投资，投资事件数量约占工业电商领域总数的 1/3，多家电商领域 IT 解决方案企业获得两轮投资。

第四节　存在的问题

一、应收账款回款周期长，工业电商平台面临资金运转压力

当前，工业电商平台企业间竞争加剧。不少工业电商平台企业为提升竞争力，提高用户采购效率，开展工业商品自营业务，即提前垫资采购工业品，用户在平台上下单后极速出货，导致工业电商平台企业资金链长期“紧绷”。工业商品交易需要经历“询价/比价/招投标/竞价—供需双方协商—合同签订—支付定金—发货—支付尾款—售后服务”等多重环节，大量应收账款通常要 6 个月以上的时间才能到账，导致工业电商平台企业资金流风险加剧。

二、制造业企业自建工业电商平台，同行业不同企业各自为战、难以融合

目前，制造业企业为拓宽销路、优化供应链管理，自建工业电商平台，供应链上下游采购及销售均在此平台上运转，提高了供应链运转效率。但随着工业电商快速发展，同行业内几家行业龙头企业均各自建设满足自身供应链运转的平台，这些平台各自发展，无法相互融合和协作，造成资源浪费和重复建设，与数字化手段促进社会进步的初衷不符。

三、供应链上下游企业数字化程度参差不齐，难以全部实现数据连通

目前，中国制造业企业数字化转型进程不断加快，大部分大型制造业企业和部分中小企业已经能够满足供应链数字化要求，可以通过工业电商平台实现供应链全链条数据连通，但仍有很多企业由于资金不足、技术水平低、人才匮乏等，导致当前数字化水平无法达到要求，造成难以实现供应链协同。

第五节 措施建议

一、大力推广工业电商平台应用

做好工业电商推广工作，尤其是加大力度推进中小企业应用工业电商平台。鼓励制造业企业借助第三方工业电商平台或自建工业电商平台开展网络采购和网络营销，推动制造业企业交易方式和经营模式的网络化，培育个性化定制模式；加快制造业企业制造能力和资源开放共享，实现制造能力的在线发布、协同和交易，引导中小企业与基于互联网的开放式“双创”平台开展合作，打造制造、营销、物流等高效协同的生产流通一体化新生态。

二、加速完善新型基础设施建设

加速推进 5G、大数据中心等新型基础设施建设，助推制造业企业数字化、网络化、智能化转型设计，推动工业电商加速发展。一方面，要加快 5G、千兆光网等新型网络基础设施建设，为工业电商平台数据流通顺畅提供基础保障；另一方面，要推动大数据中心建设，加速开展“东数西算”工程，为工业电商发展提供基础支撑。

三、开展智能化水平提升

为促进工业电商平台与工业互联网平台融合融通发展，推进供应链协同效应提升，应进一步推进制造业企业数字化、网络化、智能化升级。一方面，要推进制造业企业以具体场景、关键环节、生产线等单元为主体，开展数字化转型，由点及面，向全生命周期、供应链全链条智能化的方向迈进；另一方面，要推进工业互联网发展，鼓励企业以工业互联网平台为手段，链接生产制造全要素，形成与工业电商平台无缝衔接的数据体系。

区 域 篇

第十一章

北京市

第一节　发展概况

一、智能制造持续推动高精尖产业跃升

2021 年北京市高精尖产业增加值突破 1 万亿元，占北京市地区生产总值比重达 27%。当前，北京市聚焦新一代信息技术和科技服务业两大万亿级产业集群，同时，关注智能装备、医药健康、节能环保、人工智能四个千亿级产业集群。2021 年北京市高精尖产业研发经费投入占营业收入比重超过 7%。目前，北京市共创建 3 个国家级制造业创新中心，100 家左右企业技术中心和 10 个左右工业设计中心，聚焦人工智能、脑科学、量子计算等一批新型研发机构，拥有 100 家左右“独角兽”企业，数量居世界城市首位。近年来，随着高精尖产业的发展，北京市在柔性显示屏、通用型 CPU、5G+8K 超高清制作传输设备的研制，以及新型冠状病毒灭活疫苗、新型靶向抗癌新药和手术机器人等医药和医疗器械研制、高精密减速器等核心零部件产品生产方面形成了一批具有全球影响力的创新成果。

二、智能制造相关产业项目落地取得丰硕成果

推动智能制造发展期间，北京市落地了一系列相关产业项目，包括新能源整车生产线落地并投产，同时，建成网联云控式高级别自动驾驶示范区，在全球自动驾驶领域中保持领先水平。围绕集成电路建设 12 英寸和 8 英寸集成电路生产线，其中，12 英寸生产线规模全国领先。积极申报和培育专精特新“小巨人”、制造业“单项冠军”、智能制造示范项目和系统解决方案供

应商，相关企业和项目数量全国领先。

三、发挥区位优势实现产业提质增效

目前，京津冀三地围绕协同发展，在规划、项目、企业、园区等方面开展共同编制、交流与建设等工作，“2+4+*N*”产业合作格局初步形成；通州区围绕城市副中心建设，开展产业“腾笼换鸟”工作，同时，积极推进与雄安新区建设的对接合作。在产业提质增效方面，围绕汽车产业、装备制造业、生物医药等领域的产业智能制造水平和产业合作均取得较大突破。“十三五”末期，北京市规上工业人均产值和地均产值较“十三五”初期分别提升 59% 和 19.2%，规上软件和信息服务业人均收入增长近一倍。

第二节　主要特点

一、以智能制造推进产业模式和企业形态转变

北京市正以智能制造为重要着力点，将智能化装备的发展作为产业的重要基础，将智能工厂的建设作为智能制造的主要形态，将智能化产品的研制作为企业发展突破的核心目标，将智能化服务的持续延伸作为产业边界拓展的关键，以此为核心推进智能制造相关产业的转变，从根本上改变企业形态，并以此从多个产业方向培育有影响力的万亿级先进智造产业集群。

二、以智能工厂助力企业提高生产效率

北京市围绕智能工厂试点示范和推广应用开展了一系列工作，并取得了成效。以汽车产业为例，目前北京市汽车生产线广泛应用自动化技术，自动质量监控等先进技术得到普遍应用，可通过成熟的大数据算法模型，开展全工厂的维护类需求预测，实现对故障的精准研判，大幅提升维修人员工作效率，提升生产线稳定性。单在汽车领域，北京市智能制造生产普遍实现运营成本降低 20%，产品研发周期降低 30%，生产效率提升 20%，能源利用效率提升 15%。

三、智能制造区域协同水平突出

北京市高度重视智能制造区域协同发展，以经开区和顺义区为核心，深入推进创新型产业集群示范建设，在承接科学城相关创新成果产业化过程中

发挥重要作用，提升区域科技创新能力与产业发展能级。同时，北京市聚焦产业集聚带的打造，以北部三大科学城为核心创新原点，推动海淀区、昌平区、朝阳区和顺义区共同打造研发创新与信息产业带，南部地区以北京经开区为核心，带动丰台区、大兴区和房山区共同打造先进智造产业带。在特色产业组团建设方面，支持各区围绕自身资源特点，在产业链细分领域塑造特色鲜明且具有国际竞争力的产业组团。

第三节　推进举措

一、聚焦制造业推动智能化转型

一是建立依托国家智能制造能力成熟度的评估标准，建立北京市智能制造评估标准体系，遴选发布一批第三方机构，开展智能制造能力成熟度评估工作。二是围绕智能制造工厂、车间，打造 10 家世界级标杆智能工厂，以及 100 家智能工厂和数字化车间。三是在电子信息、汽车、高端装备、生物医药和基础新材料等产业领域推动千家制造业企业智能化升级。四是促进小微制造业企业降本增效，推动绿色制造与智能制造协同发展，同时，推动智能制造新业态新模式的探索。

二、优化智能制造供给能力

围绕提升智能制造系统集成供应能力、关键技术装备与工业软件供应能力、新技术供给能力及公共服务能力等进行能力建设。一是加强智能制造系统解决方案输出能力，支持供应商面向京津冀和全国市场开展推广应用。二是围绕智能制造的共性技术，发展智能制造装备、核心工业软件攻关，打造相关新产品，助力一批企业成为“单项冠军”企业。三是推动人工智能、5G、工业互联网等各类新技术的持续创新和应用，引导相关企业开展新应用场景探索，加强新技术应用，持续开展产品设计、工艺知识库、数字孪生等先进技术的应用与优化。四是提升检验检测、评估认证等领域的数字化水平，推动国家机器人检测中心等优势公共服务平台发展，为智能制造赋能。

三、打造万亿级产业集群

优化产业空间布局，形成以海淀区为智能制造创新策源地，以经开区为产业核心区，带动各区共同发展的态势，在北京市经开区、怀柔区、昌平区等打造一批智能制造特色产业集群或基地，推动智能制造企业落地。北京市着力打造以骨干龙头企业为主体，以“特色产品+示范工厂”为发展模式，应用各类智能制造装备，建设智能工厂，制造智能化产品，拓展智能化服务，支持企业挖掘新场景，形成各方共建、共谋发展的“智能+”产业生态。

第十二章

上海市

第一节　发展概况

一、制造业数字化转型水平全国领先

上海市的“中国先进制造业城市发展指数”连续三年蝉联全国第一名，智能制造实现重点产业全覆盖，机器人应用普及率不断提高，重点行业机器人密度达 383 台/万人。生产过程自动化程度进一步提升，在技改项目中，数控装备、机器人系统等智能装备投资占比达 54%。

上海市智能制造系统集成服务能力全国领先，龙头集成商业绩实现倍增，16 家智能制造系统解决方案供应商进入国家推荐目录，30 家进入上海市推荐目录。在汽车、高端装备、电子信息等领域，上海市培育了一批具有行业影响力的系统解决方案供应商，并集聚了 ABB、新松、新时达等一批国内外工业机器人巨头。上海市已成为国内最大的系统集成解决方案输出地，工业机器人产业规模居全国第一位，系统集成和工业机器人工业总产值突破 500 亿元。

为使智能工厂示范带头作用进一步显现，上海市按照树典型、强引导、聚资源的思路，累计授牌 60 家市级智能工厂和 5 家市级标杆智能工厂，2 家企业获全国“标杆智能工厂”荣誉称号，上海航天设备总厂有限公司、上海延锋金桥汽车饰件系统有限公司等 5 家企业入选工业和信息化部“2021 年度智能制造试点示范工厂”，宝武碳业科技股份有限公司等 15 家企业共计 20 个智能制造场景入选工业和信息化部“2021 年度智能制造优秀场景”。此外，上海汽车集团股份有限公司、上海华谊新材料有限公司 2 家企业斩获“2021

年国家级智能制造标杆企业”称号。

二、重点行业智能转型与试点示范效果显著

智能制造新模式应用项目取得初步成效。上海市在汽车、高端装备、电子信息、航空航天等重点行业中选择骨干企业，开展智能车间/工厂试点建设，重点培育离散型智能制造、流程型智能制造、网络协同制造、大规模个性化定制、远程运维服务等智能制造新模式。上汽通用凯迪拉克工厂是全球最先进的汽车制造工厂，拥有1340名职工，使用500台工业机器人，机器人密度高达3731台/万名产业工人；海立集团作为全球最大的独立空调压缩机制造商，其上海工厂的机器人密度达到630台/万名产业工人，经对全国和上海市智能工厂项目的初步统计，实施智能化转型后的生产效率平均提升50%以上，运营成本平均降低30%以上，效果优于全国平均水平。

制造业企业加快向智能化整体转型。全市推动规模以上企业实施智能化转型达500余家，在市级技改项目中，智能化改造项目数量占比超过50%。从行业分类来看，智能化升级既涵盖汽车、集成电路、航空航天等先进制造业，也包括食品、纺织等传统行业。在汽车、电子、机械、轻工等领域的改造项目中，智能化设备、机器人、机械手数量占全部设备数量比重约35%，投资金额占比达54%。从改造环节来看，生产制造环节智能化升级的同时，也向技术创新、检验检测、物流仓储等生产经营全流程渗透。上海市发展改革委还将智能工厂建设纳入“新基建”贴息政策的范围，以更好地解决智能工厂建设面临的资金问题。

三、智能制造基础逐步夯实，生态建设不断完善

智能制造装备和工业软件实现突破。上海市实现关键装备、核心部件与工业软件的首台（套）突破达40余项，承担国家智能制造综合标准化与新模式应用37项，上海市牵头智能制造相关标准共66项，其中已发布标准32项。一批智能制造装备和工业软件实现突破。上海市形成了从研发、制造到集成应用的完整产业链，成为国内规模最大的智能制造核心装备产业集聚区。在高端智能装备首台突破专项政策的支持下，一批数字化车间/智能工厂建设急需的自主核心装备研制取得了重大突破。

服务智能制造的平台、行业组织和金融机构成立。一是组建上海市智能制造研发与转化功能型平台，引入德国弗劳恩霍夫协会在临港建设国内首个

海外项目中心，并成立了首个中英智能制造测量与质量工厂中心，增强共性技术供给。二是组建上海市机器人研发与转化功能型平台，围绕机器人可靠性与智能化两大核心技术，促进机器人生态建设。三是组建智能制造协会，发挥行业组织的作用，开展行业对接服务。四是金融助推，提供多层次资金保障，与民生银行等金融机构达成战略合作协议，提供不低于500亿元的智能制造专项额度，推动商业银行制定智能制造企业金融服务方案，支持智能制造产业融资；支持产融结合，促进智能制造企业通过多层次资本市场开展直接融资、并购交易。

第二节 主要特点

一、鼓励智能化技术改造，推广智能制造落地

全市推动规模以上企业实施智能化转型达500余家，在市级技改项目中，智能化改造项目数量占比超过50%。从行业分类来看，智能化升级既涵盖汽车、集成电路、航空航天等先进制造业，也包括食品、纺织等传统行业。在汽车、电子、机械、轻工等领域的改造项目中，智能化设备、机器人、机械手数量占全部设备数量比重约35%，投资金额占比达54%。从改造环节来看，生产制造环节智能化升级的同时，也向技术创新、检验检测、物流仓储等生产经营全流程渗透。上海市发展改革委还将智能工厂建设纳入“新基建”贴息政策的范围，以更好地解决智能工厂建设面临的资金问题。

二、扶持系统解决方案供应商，提升智能制造技术水平

系统集成商是加快智能制造应用的关键角色，上海市通过组织供需对接、分类引导转型、强化政策支持等手段，提升智能制造系统解决方案供给能力。一是推动上海市制造业企业联合智能制造解决方案供应商建设智能工厂。积极鼓励制造业龙头企业和品牌集成商加强合作，共同推动核心技术突破和新兴技术的集成应用，提升集成商的技术能力并形成行业品牌案例。二是壮大系统解决方案供应商队伍。支持制造型企业、信息技术企业向智能制造系统解决方案供应商转型。同时，加强政策创新，对系统解决方案供应商研制的首条智能化成套生产线，视同首台（套）装备，享受高端智能装备首台（套）专项支持政策，支持系统集成商为用户制定个性化的智能制造系统解决方案。三是推动产融结合。针对系统解决方案供应商发展过程中遇到的

资金瓶颈问题，推动商业银行量身定制综合金融解决方案。上海市率先与民生银行达成战略合作协议，提供不低于 500 亿元的智能制造专项额度，推动商业银行制定智能制造企业金融服务方案，支持智能制造产业融资，推动“上海制造”智能化转型。四是规范行业管理。研究制定系统集成商评价机制，发布系统集成商推荐目录，促进系统集成行业有序、健康发展。

三、构建市区联动机制，推动上海市智能工厂建设

根据 2020 年智能工厂建设经验，上海市于 2021 年加大力度推进智能工厂的宣传与推广，激发主体活力，市区联动推进智能工厂建设。上海市经信委组织召开市区两级智能工厂推进专项部署会，重点区域包括闵行、浦东新区、临港、嘉定、松江、奉贤、青浦、宝山等地，联合中国联通等集团企业召开智能工厂建设促经济数字化转型专项工作部署会议，大力宣贯和推动各个区域的智能工厂建设工作，鼓励各区上报智能制造成熟度较高的智能工厂参评上海市智能工程。

一是建立“专员+辅导员”的推进机制。智能制造推进处牵头专班推进，专员来自各区级、集团负责人，辅导员来自智能制造产业协会、电气集团、智能制造平台、赛迪研究院等支撑单位。二是开通咨询热线。设置专人接听的 24 小时热线电话，从在线评估、线下诊断、智能工厂建设等各方面为企业提供“店小二”服务。三是组建上海市智能工厂专家委员会，聘请 110 名来自高端装备、汽车、生命健康等领域的专家，提供专家智库服务。编制完成《上海市智能工厂专家委员会专家工作手册》，明确专家工作职责，规范化、标准化智能工厂评审流程。四是聚焦龙头，重点打造标杆工厂。为企业量身定制“一厂一案”的培育方案，由企业一把手挂帅，内部整合规划、设备、信息化等相关部门，组成“突击小分队”，针对数据驱动性不强、产业链协同性不高、数字技术融合度较低等“失分项”，制定重点攻关“最后一公里”工作计划表，绘制打造标杆智能工厂“作战图”，挂图上墙，有序推进。

第三节　推进举措

一、发布多项核心规划，打造全国智能制造应用高地

2021 年 1 月，上海市发布《关于全面推进上海城市数字化转型的意见》，明确要坚持整体性转变，推动“经济、生活、治理”全面数字化转型；坚持

全方位赋能，构建数据驱动的数字城市基本框架，引导全社会共建、共治、共享数字城市。

2021 年 7 月，配套出台了《推进上海经济数字化转型 赋能高质量发展行动方案（2021—2023 年）》，提出集中突破 100+关键技术、形成 100+标准化算法产品、培育 100+智能硬件产品，打造 50+市值超百亿元的流量型企业等目标。到 2023 年，要将上海市打造成世界级的创新型产业集聚区、数字经济与实体经济融合发展示范区、经济数字化转型生态建设引领区，使上海市成为数字经济国际创新合作典范之城。

智能制造相关的规划《上海市智能制造行动计划（2019—2021 年）》和《上海市建设 100+智能工厂专项行动方案（2020—2022 年》依然在稳步推进中。同时，上海市已经完成《上海市“十四五”智能制造发展规划研究》和《上海市发展智能制造的目标和路径研究》，为在“十四五”期间发展智能制造做好了顶层规划。

二、开展智能制造诊断评估，加快推进智能制造发展

根据《上海市建设 100+智能工厂专项行动方案（2020—2022 年）》要求，一是推动市区两级联动，开展智能工厂线上测评，上海市已在 9 个重点区域召开智能工厂建设促经济数字化转型专项工作部署会议。截至 2021 年年底，完成线上测评 1038 家。二是组建专家委员会，实施智能工厂线下评估诊断，上海市已成立 110 人的智能工厂专家委员会，按专业领域共分 10 组，启动专家线下评估诊断工作，对初选入围企业进行现场走访和考察，为企业提供线下评估诊断服务。三是依托区级政府采购，开展免费诊断服务，闵行、金山、临港等多个区通过政府采购的方式，对区内重点企业进行智能制造成熟度评估，认定了一批区级智能工厂。

为了更好地推动智能制造从定性评估走向定量评估，围绕智能工厂建设，上海市在已经制定的《上海市智能工厂评估标准》基础上，总结实施经验，完善了《上海市智能工厂评估标准 V2.0 版》、升级了“上海市智能工厂在线测评系统 V2.0 版”。明确智能工厂评估指标，分别对离散型和流程型两类工厂进行评估，增加评估诊断功能并自动生成雷达图，根据升级的标准更新了问卷内容、增加了“所属集团”选项。

三、依托两大平台，构建智能制造及机器人创新集群

一是依托上海市智能制造研发与转化功能型平台，以智能制造系统解决方案为龙头牵引，支撑智能制造在不同行业、企业的应用；加强共性技术研发，形成共性技术应用产品和系统；通过公开课、定向专题培训、实训体验等形式，加强智能制造规划和应用人才的培训，近两年已成功免费举办3期“上海市智能制造规划师”的培训课程，培育了近400名专业技术人员；以智能制造平台研发的技术产品、系统方案成果为依托，加强成果孵化和落地，不断推进上海市智能制造发展水平。

二是依托上海市机器人功能型平台，加强机器人智能化和可靠性两大核心技术研发，整合机器人产业资源，构建机器人产业创新集群，打造国内一流、国际知名的机器人技术研发、服务和成果转化基地。并与金融投资机构合作，举办各类活动，培育和孵化优质项目，现正在和日本、法国、德国、以色列等国家筹建国际加速器。

第十三章

浙江省

第一节　发展概况

一、经济发展再上新台阶，“浙江制造”加速迈向“浙江智造”

自改革开放以来，浙江省经济快速发展，制造业规模不断扩大。根据初步核算，浙江省 2021 年全年地区生产总值（GDP）突破 7 万亿元，达 73516 亿元，同比增长 8.5%，连续 11 年居全国第四名，全年规模以上工业增加值首次突破 2 万亿元，达 20428 亿元，同比增长 12.9%。2021 年，浙江省在机器人、高档数控机床、智能纺机、智能物流装备等智能制造装备领域实现总产值 484 亿元，同比增长 7.9%。

二、全面探索“浙江路径”，加快推动产业数字化发展

2021 年 9 月，浙江省获批建设首个国家传统制造业改造升级示范区，力争为制造强国建设探索“浙江路径”、贡献“浙江智慧”。多年来，浙江省高度重视智能制造、绿色制造等新模式在传统制造领域的应用推广工作，其中，在推动制造业数字化转型方面，浙江省坚持以智能化改造提升行业竞争力，以产业数字化引领高质量发展的核心思路，围绕新材料、节能与新能源汽车、工业互联网、智能机器人、集成电路、高档数控机床等重点领域，实施“腾笼换鸟、凤凰涅槃”攻坚行动，先后发布了一系列数字化转型、智能化升级相关的配套政策（见表 13-1）。

表 13-1　浙江省智能制造相关政策

颁布时间	政策名称	主要内容
2021 年	《关于印发浙江省制造业创新中心建设提升实施方案（2021—2025 年）的通知》	到 2025 年，争创国家制造业创新中心 2～3 家，累计建设省级制造业创新中心 30 家左右，实现十大标志性产业链全覆盖，基本建成以国家制造业创新中心、省级制造业创新中心、市级制造业创新中心三级为核心节点的多层次、网络化产业创新体系，全面提升制造业创新能力
	《浙江省高端装备制造业发展“十四五”规划》	到 2025 年，浙江省规上装备制造业总产值突破 4 万亿元；新产品产值率保持在 50%以上，累计新培育首台（套）装备 1000 项左右；累计建成 20 家装备领域省级制造业创新中心、产业创新中心、技术创新中心；重点打造 1 个万亿级世界级先进制造业集群，3 个左右千亿级集群，培育一批标志性产业链，并向创新链和价值链高端攀升
2020 年	《关于印发浙江省培育建设“未来工厂”试行方案的通知》	从 2020 年起，每年探索培育建设 10 家左右“未来工厂”，示范引领浙江省制造业数字化、智能化、绿色化转型发展，成为制造业高质量发展和全球先进制造业基地的展示窗口
	《关于开展制造业高质量发展示范创建县（市、区）产业链协同创新项目库建设的通知》	聚焦智能装备、智能家居等十大标志性产业链，以及受新冠肺炎疫情影响面临断链断供风险的高端装备、汽车产业、工业互联网、新材料等产业链，开展产业链协同创新项目库建设
	《浙江省实施制造业产业基础再造和产业链提升工程行动方案（2020—2025 年）》	重点围绕数字安防、集成电路、网络通信、智能计算、医药与生命健康、新材料、节能与新能源汽车、智能装备、智能家居、现代纺织等标志性产业链，以及其他有特色优势的传统、新兴产业领域，主要以离散型、流程型两类为主，全省培育创建 100 家左右省级数字化车间/智能工厂；突出模式创新和示范引领，全省培育创建 10 家左右“未来工厂”

数据来源：赛迪顾问，2022 年 4 月。

三、数字经济带动制造业创新发展，智能化升级效果凸显

2021 年，浙江省“三新”（新产业、新业态、新模式）经济增加值占 GDP 的比重达 27.8%。数字经济作为浙江省高质量发展新动能，2021 年实现全新突破，数字经济核心产业增加值达 8348 亿元，同比增长 13.3%，数字经济核

心产业制造业增加值增长 20.0%，新一代信息技术产业增加值同比增长 18.7%，累计实施国家智能制造应用和试点项目 61 项，总数居全国前列，创建省级工业互联网平台 210 个，上云企业 40.5 万家，在役工业机器人 10.3 万台。

第二节 主要特点

一、“双中心”联动，全域协同促进智能制造发展

浙江省是中国民营经济最活跃、块状经济最发达的地区，在智能制造方面现已初步形成“双中心”联动、全域协同的发展态势。“双中心”即杭州市和宁波市，杭州市作为数字经济的先发城市，互联网基础深厚，在智能制造领域，主要以平台和软件为主，同时，杭州市汇聚浙江大学、之江实验室等高等院校及科研机构，研发实力强，可为浙江省智能制造发展提供智力支撑；宁波市自动化水平、智能制造系统集成能力全国领先，同时，宁波市制造业企业众多，涉及模具、汽配、小家电等十余个重点行业，宁波工业互联网研究院、宁波人工智能研究院、中之杰等科研院所及企业持续为宁波制造业赋能，促使宁波市成为浙江省内制造业智能化程度最高的城市。近年来，随着绍兴市、台州市、温州市和湖州市等地纷纷加快推动企业开展数字化转型、智能化升级工作，进一步助力浙江省形成智能制造全域协同发展态势。

二、专精特新“四轮驱动”成为浙江省制造业发展重要抓手

浙江省是中国重要的中小企业大省，中小企业数量居全国前三位。浙江省市场监督管理局公布的数据显示，截至 2021 年年底，浙江省在册小微企业数量为 282.6 万家，占在册企业总数的 90.6%。2021 年浙江省新增小微企业 49.6 万家，同比增长 12.5%。为进一步推动制造业高质量发展，浙江省加大对中小微企业扶持力度，引导企业加快向“专精特新”方向发展，目前，专精特新“四轮驱动”成为浙江省民营经济增长的“主引擎”。工业和信息化部认定的三批专精特新“小巨人”企业中，浙江省有 471 家，在企业数量方面居全国首位，接近全国专精特新“小巨人”企业总数的 1/10，同时，149 家企业、产品获得制造业“单项冠军”称号，居全国首位。

三、外向经济逆势增长，高新技术产品出口比重大幅提升

浙江省持续扩大对外开放，积极应对疫情带来的冲击，外向经济逆势增长。根据杭州海关发布的数据，2021 年浙江省进出口规模居全国第三位，首次突破 4 万亿元，达 4.1 万亿元，同比增长 22.4%，占全国总值的 10.6%，进出口额占全国份额较 2020 年增加了 0.1%，实现稳中有升。其中，全省出口额为 3.0 万亿元，同比增长 19.7%，占全国总额的 13.9%；全省进口额为 1.1 万亿元，同比增长 30.3%，占全国总额的 6.5%。从出口产品类型来看，高新技术产品出口比重大幅提升，2021 年高新技术产品出口额为 2025.0 亿元，同比增长 34.3%，其中有机发光二极管显示屏和集成电路出口额分别增长 958.1%和 132.0%。

第三节　推进举措

一、降低企业智能化转型门槛，夯实企业数字化升级基础

浙江省通过政府、企业、行业专家协会“三管齐下”，切实降低企业智能化转型成本，加快推动中小企业数字化升级进程。一方面，加快推动产业数字化升级进程，打造“龙头带动，中小共享”协同发展模式。通过行业龙头企业构建的工业互联网平台，推广一批可复制的技术方案和建设模式，利用平台将业务流程向上下游延伸，满足产业链上下游中小企业共性化需求，吸引上下游企业开展数字化升级工作；另一方面，针对中小企业业务方向和组织架构灵活性较高等特点，组建以行业企业首席技术官、生产带头人等为主的专家指导组，对中小企业进行“面对面”服务，助力企业探索数字化升级路径。

二、加快推动机器换人，持续加深制造业企业信息化程度

作为全国首个“两化”深度融合国家示范区，浙江省企业信息化从“机器换人”“智能制造”向“企业上云”持续推进，制造业企业信息化程度持续深化，为制造业高质量发展奠定坚实基础。从“机器换人”进展来看，浙江省自 2012 年开展“机器换人”行动，成立 4 批共 22 个“机器换人”专家服务指导组和 20 个工程服务公司为省内制造业企业服务，并出台多项政策推动“机器换人”。从智能制造推进力度来看，浙江省组建了智能制造专家

委员会，为 20 个重点县（市、区）的制造业企业传统产业转型升级提供“面对面”的智力咨询和技术指导。从企业上云进度来看，浙江省在全国范围内率先组织大规模推进企业上云，推动企业业务向云端迁移，为浙江省制造业高质量发展打下坚实基础。

三、以“产业大脑”“未来工厂”为重点，赋能制造业发展

浙江省为进一步强化数字技术全方位赋能制造，提升全链条资源开发利用效率，全力推动“产业大脑”及“未来工厂”平台建设，全力推动数字经济与制造业深度融合，进一步提升省内产业智能化水平。在“产业大脑”方面，2021 年，“产业大脑”平台建设覆盖制造业细分领域已超过 30 个，其中，10 家“产业大脑”平台、82 个应用场景已完成上线试运行，22601 台设备、超过 2000 个工业 App 陆续接入，服务范围覆盖 12252 家企业。在“未来工厂”方面，主要是指引领智造发展的现代化工厂，2021 年 7 月，浙江省发布《“未来工厂”建设导则》，进一步明晰“未来工厂”建设架构。目前，浙江省 2021 年的“未来工厂”名单由首批的 12 家扩充至 32 家。

第十四章

江苏省

第一节 发展概况

一、智能制造发展取得显著成绩

江苏省作为实力稳居全国前列的制造业大省，全力推动制造业高质量发展，以基本建成具有国际竞争力的先进制造业基地为目标，坚持把智能制造作为主攻方向，加快推进制造业数字化、网络化、智能化转型，加快培育先进制造业集群，构建更高水平的创新体系，产业结构调整持续深化，智能制造发展取得了显著成绩。2021 年，江苏省规模以上工业增加值同比增长 12.8%，其中轻工业增长 12.4%，重工业增长 12.8%。江苏省先进制造业增势良好，2021 年江苏省高技术产业增加值同比增长 17.1%、装备制造业增加值同比增长 17.0%，新能源汽车、3D 打印设备、城市轨道车辆等新产品产量增长较快。在第一批、第二批国家先进制造业集群竞赛决赛中，江苏省有 6 个集群获评优胜集群，数量排全国第一名，展现了江苏省智能制造领先的竞争力。

二、智能制造研发创新力度持续增强

江苏省深入实施创新驱动发展战略，不断增强制造业创新能力。研发投入力度不断加大。“十三五”时期，江苏省规上工业企业研发经费投入强度达 2%左右、较“十二五”末翻一番。创新平台建设不断提速，江苏省已创建国家级制造业创新中心 2 个、占全国总量的 1/8，2021 年认定国家高新技术企业超过 1.2 万家，国家级企业研发机构达 163 家，位居全国前列，已建

成国家级高新技术特色产业基地 172 个，省级以上科技公共服务平台 260 个，工程技术研究中心 4464 个。创新转化成果丰硕，2021 年江苏省发明专利授权量为 6.9 万件、同比增长 49.7%，全年各类技术合同成交额共 3013.6 亿元、同比增长 29%，共实施 225 项产业前瞻与关键核心技术研发、重大科技成果转化项目，承担 74 项国家工业强基项目，突破了一批基础零部件及元器件、基础材料和基础工艺的技术瓶颈。

三、智能制造行业竞争力不断提升

江苏省加快制造模式转型，着力推动大规模数字化改造，累计建成智能制造示范工厂 42 家、智能车间 1307 家，培育重点工业互联网平台 86 家、标杆工厂 95 家，企业两化融合指数连续 6 年居全国第一位。江苏省智能制造企业实力不断提升，目前全省共有营业收入超百亿元的工业企业 148 家，其中 12 家企业的营业收入超千亿元。江苏省共培育出超 3.2 万家高新技术企业、104 家国家制造业“单项冠军”企业、113 家国家级专精特新“小巨人”企业，以及 1374 家省级专精特新“小巨人”企业。

第二节　主要特点

一、顶层设计推动智能制造快速发展

江苏省高度重视智能制造发展，出台了一系列政策措施推动全省制造业智能化改造和数字化转型（以下简称“智改数转”）。2021 年 12 月，江苏省人民政府办公厅印发了《江苏省制造业智能化改造和数字化转型三年行动计划（2022—2024 年）》，提出将力争率先建成全国制造业高质量发展示范区，到 2024 年将重点企业关键工序数控化率提升至 65%、将经营管理数字化普及率提升至 80%以上、将数字化研发设计工具普及率提升至接近 90%，并重点部署了“龙头骨干企业引领工程”“中小企业‘智改数转’推进工程”“产业链‘智改数转’升级工程”等十大工程。江苏省不断强化顶层设计，省级层面由智造强省建设领导小组办公室统筹推进“智改数转”工作，各地市则由政府主要负责人亲自领导推进，有力加强了政策措施落地实施的效果。

二、培育集群加速智能制造提质增效

江苏省以培育先进制造业集群为引领，着力提升江苏制造核心竞争力，推动制造业高质量发展，加快建设具有国际竞争力的先进制造业基地。江苏省积极参与工业和信息化部组织开展的全国先进制造业集群竞赛，在第一批、第二批竞赛中，江苏省有 13 个集群参赛、数量居全国第二位，有 8 个集群初赛入围、数量居全国第一位，有 6 个产业集群决赛胜出，数量居全国第一位，优胜集群的产业方向涉及高端装备、新材料、软件和信息服务等。在 2021 年全国先进制造业集群竞赛中，江苏省又有生物医药及高端医疗器械方向和新一代信息技术方向共 2 个集群成功在初赛入围。“十四五”时期，江苏省将全力打造 16 个综合实力国际领先、国际先进或国内领先的先进制造业集群，持续增强产业体系的国际竞争力、创新力、控制力。

三、开放合作助力智能制造“走出去”

江苏省以高质量建设“一带一路”交汇点为目标，持续加大对外开放合作力度，不断加强对外合作和竞争新优势，加快打造改革开放新高地。“十三五”时期，江苏省实际使用外资规模居全国第一位，进出口总额居全国第二位。2021 年江苏省对外贸易规模持续快速增长，进出口总额为 5.2 万亿元，同比增长 17.1%。出口额为 3.3 万亿元，同比增长 18.6%，其中机电产品、高新技术产品出口额分别增长 17.8%、10.4%，对美国、欧盟出口额分别增长 14.4%、21.9%，对“一带一路”沿线国家出口额增长 20.8%。2021 年江苏省利用外资水平进一步提高，全年实际使用外资 288.5 亿美元，同比增长 22.7%，规模保持全国第一名，新设立外商投资企业 4237 家，同比增长 18.6%。

第三节　推进举措

一、落实智能制造财税支持政策

一方面，充分发挥财政资金的引导作用，每年安排 12 亿元专项资金通过贷款贴息、有效投入补助等方式支持工业企业“智改数转”，建立项目库管理制度，试行“当年入库、优化安排、滚动调整”，优化管理流程、提高使用效率，并鼓励地方再叠加一定比例的配套补助，进一步强化专项资金支持效果。另一方面，着力强化针对“智改数转”的税收优惠政策，加紧研究将“智改数转”费用纳入研发费用范围，加大对企业的税收优惠力度。

二、强化智能制造人才支撑体系

着力壮大智能制造人才队伍，努力营造引才、聚才、用才的良好氛围。一是充分发挥省重大人才工程的作用，搭建“智改数转”人才智库平台，聚焦“高精尖缺”环节，有针对性地引进一批“智改数转”领域的领军人才和创新团队。二是积极培养“智改数转”人才，通过产教融合、校企合作，培养一批高水平的工程师和青年科技人才，依托公共实训基地培育一批大国工匠和高技能人才。

三、创新智能制造金融服务模式

鼓励金融机构加大对制造业企业的支持力度，支持针对企业“智改数转”的需求创新金融产品和服务。一是鼓励金融机构运用大数据探索产融合作新模式，推进基于工业互联网平台的产融协作服务创新。二是鼓励金融机构加大对制造业企业的中长期贷款投放力度，重点支持中小企业进行技改升级。三是支持制造业企业通过融资租赁方式开展“智改数转”，并将融资租赁费用纳入财政补助范围。四是支持国家产业基金子基金在江苏省落地，并加大江苏省政府投资基金对制造业的支持力度。

第十五章

广东省

第一节　发展概况

一、产业转型升级成效显著

近年来，广东省全面贯彻落实新发展理念，持续优化产业结构，加快推动产业转型升级，工业经济发展规模和质量稳步提升。2021 年广东省全部工业增加值达 4.51 万亿元，同比增长 9.3%，居全国首位，其中，规上工业增加值达 3.75 万亿元，同比增长 9.0%；工业投资增长 19.5%，对整体投资增长的贡献率达 69.6%。先进制造业和高技术制造业分别占规模以上工业增加值的 54.2%、29.9%，同比增长 6.5%、6.9%。其中，先进制造业中的生物医药及高性能医疗器械业和先进装备制造业增长势头良好，同比增长 15.3%和 11.1%；高技术制造业中的计算机及办公设备制造业、医药制造业、航空航天器及设备制造业保持较快增长，同比增长 23.5%、18.7%、12.6%。

二、新型基础设施建设日趋完善

广东省持续推进 5G、工业互联网平台与服务商等新型基础设施建设，制造业企业数字化、智能化转型迎来重大机遇。在 5G 建设方面，2021 年全省累计建成移动基站 90.5 万座，其中 5G 基站 17.1 万座，较 2020 年年底增加 4.69 万座，占全国 5G 基站总数比重达 12%，居全国第一位；全省 5G 移动电话用户达 2739.9 万户，用户规模居全国第一位；省内各地市围绕 5G 产业提前布局网络及基站设备、智能终端等相关产品及应用，5G 相关企业超 1600 家，华为、中兴等龙头企业带动作用显著。在工业互联网建设方面，作为首批国家级工业互联网示范区，广东省通过建立工业互联网产业生态供给资源池，累计培育超 370 家垂直行业与跨行业跨领域服务商，孵化超 200 个标杆示范项目与 13 个“5G+工业互联网”应用示范园区。2021 年，全省累计超 2 万家规上工业企业实现数字化转型，推动 60 万家中小企业通过“上云上平台”的方式降本增效。

三、产业集群效应持续凸显

基于“二十大”战略性产业集群发展的良好基础，广东省持续出台以智能制造为主攻方向的新一代电子信息、高端装备等产业集群发展政策，加快建设 7 个大型产业集聚区与 19 个特色产业园，产业集群的集聚效应与关联效应持续凸显。从集聚效应来看，智能制造产业集群正在聚集科技人才、创新载体等各类科创资源。其中，深圳新一代信息通信集群拥有 267 个创新载体，国家级、省市级重点实验室达 38 个，PCT（专利合作条约）国际专利申请量连续 7 年居全国第一位，并在工业和信息化部先进制造业集群竞赛决赛中胜出，彰显出“广东智造”强大的竞争实力。从关联效应来看，广东省智能制造产业集群正在构建产业链上下游协同发展的良好机制。其中，深圳、东莞、惠州、佛山、广州等地目前已经形成较完备的智能机器人产业链，合计拥有超 80 家智能机器人省级骨干（培育）企业，覆盖原材料、核心零部件、本体制造、系统集成服务等关键环节。2021 年广东省工业机器人产量达 12.44 万套，同比增长 56.5%，市场份额约占全国总量的 1/4。

第二节　主要特点

一、智能制造发展更加突出发挥企业创新带动作用

在智能制造发展过程中，企业创新驱动作用越发突出，逐渐成为提升智能制造水平的关键力量。作为区域创新能力连续 5 年居全国首位的创新大省，广东省累计培育超 6 万家高新技术企业和 85 家国家制造业“单项冠军”企业，逐步构建起以企业为主体，以市场为导向，产学研深度融合的技术创新体系，成为推动全省智能制造发展的强劲动力与基础。2021 年，全省累计建设企业类国家重点实验室 13 个、企业类省级重点实验室 142 个。目前，广东省企业在人工智能、工业互联网、新型显示等领域的创新成效较为突出。在人工智能领域，华为发布 AI 计算框架“昇思”MindSpore1.6 版本，强化

了人工智能全场景能力，以开源方式推动了各项创新应用落地；在工业互联网领域，研祥智能加快“5G+工业互联网”融合建设，在边缘计算服务、工业 AI、数字孪生等领域为企业提供工业智能化应用；在新型显示领域，TCL 华星采用智能制造核心技术装备和 IoT 平台，创新搭建华星云平台，打通内外业务管理系统数据，促进新型显示产业生产线的智能化与数据化建设。

二、智能制造发展更加强调“伙伴思维”

近年来，广东省逐步推动智能制造发展运行方式从试点示范推广升级到建立各细分领域生态合作伙伴关系，从而为政府和有效市场相结合，实现智能制造产业合作需求精准对接。在试点示范推广的基础上，广东省继续探索打造智能制造生态合作伙伴圈。自 2020 年起，广东省连续开展智能制造生态合作伙伴行动计划，通过分批分类梳理合作伙伴目录与搭建公共服务平台，初步形成了资源要素互通共享的智能制造生态伙伴圈，有效促进了智能制造水平提升。2021 年，首批广东省智能制造生态合作伙伴共有 303 家单位，在高端装备制造、智能网联汽车、数控机床等领域开展深入合作。

三、智能制造发展更加注重绿色可持续

在“双碳”发展战略下，“绿色智造”成为广东省制造业企业高质量发展的下一个风口。近年来，广东省大力发展“绿色智造”，一方面，通过优化能源供给结构拉动智能制造产业绿色发展。2021 年全省新投产海上风电 549 万千瓦、光伏发电 225 万千瓦、抽水蓄能 70 万千瓦，带动清洁电力生产投资增长 57.5%，新能源装备制造增加值增长 19.9%。另一方面，通过优化生产体系拉动智能制造产业绿色发展。2021 年广东新增国家级绿色工厂 29 家，其中处在智能制造领域的工厂所占比重达 44.8%；新增绿色园区 1 家（以智能制造为主导产业的惠州仲恺高新技术产业开发区）。

第三节　推进举措

一、顶层设计先行，夯实智能制造发展政策体系

为深化制造业转型升级，2021 年广东省出台了《广东省制造业数字化转型实施方案（2021—2025 年）》《广东省制造业数字化转型若干政策措施》《广东省智能制造生态合作伙伴行动计划（2022 年）》等一系列政策措施，从发

展方向、发展路径、重点抓手等多方面建立和完善顶层设计，着力推动制造业数字化转型、智能化升级。其中，广东省明确了以深化新一代信息技术与制造业融合发展为主线，以工业互联网创新应用为着力点，以“二十大”战略支柱及战略新兴产业集群为切入点，深入推进制造业数字化转型和高质量发展的战略路径。此外，广东省各地市积极贯彻落实省工作部署，广州、佛山、中山等地相继出台《广州市推进制造业数字化转型若干政策措施》《佛山市推进制造业数字化智能化转型发展若干措施》《中山市推进制造业数字化智能化转型发展若干政策措施》等政策措施，力争通过技术改造、智能制造试点示范、智能制造生态建设等方式全方位促进当地制造业转型升级。

二、聚焦工业互联网平台建设，强化新型基础设施支撑

广东省以工业互联网建设为抓手，明确了以企业、园区、产业链供应链为主的制造业数字化转型路径。一是推动行业龙头骨干企业集成应用创新，推进中小型制造业企业加快数字化普及应用。二是推行“一园一策”，从制造能力共享、创新能力共享、服务能力共享和管理能力共享等方面推动产业园和产业集聚区数字化转型。三是推行“一链一策”，加速构建工业互联网平台生态，从上下游协同、产供销协同和大中小协同等维度提高产业链供应链一体化水平。此外，广东省着力完善工业软件、智能制造装备、数字基础设施等新基建支撑。一是积极推动工业软件攻关，着力布局行业专用软件和新型工业软件；二是大力发展智能装备，以智能车间、智能工厂建设带动智能装备迭代升级；三是不断完善数字化基础设施建设，深化“5G+工业互联网”融合发展，加快高质量4G/5G外部网络铺设，支持企业和园区内网改造升级。

三、构建智能制造生态合作伙伴群，促进智能制造应用水平提升

自2021年以来，广东省将智能制造生态合作伙伴群建设作为提升全省智能制造应用水平的重要突破口，并进一步明确扩容智能制造生态合作伙伴群、提升生态合作伙伴质量、深入推动智能制造试点示范应用、着力营造智能制造发展环境等发展路径。广东省遴选一批来自智能制造装备、关键软件、信息领域基础设施、智能制造系统解决方案、行业组织、智能制造人才培育、智能制造金融服务和智能制造试点示范八大领域的优质单位及企业，推动遴

选出的企业单位参与实施提振全省智能制造发展的各项行动；入选单位同步获得智能制造公共平台、技术、需求对接、展会、人才、金融等资源支持，同时积极组织网络平台、媒体等渠道对入选企业单位进行推广宣传。

四、以产业集群为抓手，全方位推动数字化转型

广东省以龙头骨干企业、中小型制造业企业、产业园区、产业链供应链数字化转型为切入点，推动“二十大”战略性产业集群从技术创新、场景拓展、产业生态体系建设等维度开展制造业数字化转型升级。其中，广东省在新一代电子信息、超高清视频显示等集群中重点推进新型工业设计软件及工业互联网平台研发与应用示范；在智能家电、汽车、高端装备制造、生物医药与健康、半导体与集成电路、现代轻工纺织等集群中大力开展产业基地和智能工厂建设，以标杆示范项目引领产业链供应链实现数字化转型；在软件与信息服务业、数字创意等集群中着力突破关键核心技术，进一步提高成果转化效率，强化相关集群对制造业数字化转型的赋能；在绿色石化、新能源、先进材料、现代农业与食品、激光与增材制造等集群中以突破重点技术为抓手，持续提升产业链各环节数字化水平，并不断探索和培育新场景、新业态。

第十六章

安徽省

第一节　发展概况

一、智能制造发展态势良好

近年来，安徽省装备制造业发展迅速，产业规模年均增长超 35%，累计生产工业机器人 5.1 万台，推广应用工业机器人 2.08 万台。春谷 3D 打印智能装备产业园已成为华东地区最大的增材制造产业集聚区，其铝车身焊接生产线、变速器装测线、超薄电子玻璃生产线、水泥熟料生产线等智能成套设备处于国内领先地位。截至 2021 年年底，安徽省“两化融合”贯标企业 1800 余家、居全国第四位，工业云平台应用率为 57%、居全国第五位，并已建设 5G 基站 51033 个，培育各类重点工业互联网平台 42 家。2021 年安徽省推动设立 10 亿元奖补资金、100 亿元产业基金，培育 81 个重点工业互联网平台，并在全国率先开展工业互联网“万人培训、千企诊断”项目。

二、制造业发展活力不断提升

一方面，安徽省精准推进产学研深度合作，组织开展专题对接活动，依托科创资源优势，围绕薄弱环节，积极推行“揭榜挂帅”制度，已有近百家企业攻关 70 余项关键难题。另一方面，安徽省积极推动创新成果转化，认定首批次新材料、首台（套）重大技术装备、首版次软件 1000 余个。同时，安徽省已连续举办 5 届“创客中国”活动，不断塑造企业核心竞争力，激发市场主体活力，截至 2021 年年底，已培育出 229 家国家级专精特新“小巨人”企业、19 家制造业“单项冠军”企业，1707 家省企业技术中心，96 家国家企业技术中心和48家省制造业创新中心。2021年共培育出100家高成长型小微企业和101家“专精特新”企业。

三、政策支持力度较大

为积极开展制造强省建设，支持产业链、供应链、创新链、资本链、人才链、政策链协同发展，安徽省于2021年印发了《“双招双引”支持实体经济发展政策清单》，提出要深入实施新型制造工程，加快制造业向智能制造、绿色制造、服务型制造转型，发展培育一批专业化智能制造系统解决方案供应商；鼓励工业互联网（云）服务商对制造业中小企业购买和使用云计算资源及平台服务给予优惠，对实施设备数字化、网络化、智能化技术改造的企业给予补贴。

第二节　主要特点

一、国内外聚焦安徽智造

2021年，安徽省以世界制造业大会为载体，发布《2021世界制造业大会合肥展望》《安徽省工业互联网十大创新应用案例》《中国新能源汽车产业高质量发展报告2021》等成果报告，积极贡献智慧力量、研判行业趋势、引领行业发展，并集中签约656个制造业项目，吸引制造业领域投资5334.9亿元。智能制造创新论坛是2021年世界制造业大会10个平行论坛之一，多位智能制造领域的专家学者共同为从“安徽制造”向“安徽智造”转变出谋划策，推动将安徽省打造成为具有重要影响力和引领力的智能制造高地。2021年5月，中国智能制造技术与应用高峰论坛在合肥顺利召开，论坛为全国300余家智能制造企业搭建了高层次技术交流平台，深化了安徽省与京津冀、长三角高新技术企业在智能制造领域的产学研合作。

二、重视智能制造载体建设

安徽省坚持将智能制造作为推进制造强省建设的主要方向，积极建设智能工厂和数字化车间、持续推广应用工业机器人，不断加快制造业智能化转型，在工业机器人领域形成上游关键零部件—中游系统集成—下游示范应用的全产业链条。安徽省建成44个国家级工业互联网示范平台，引导1万家企业与云资源深度对接，2021年认定智能工厂41个、数字化车间227

个，6 家企业入选工业和信息化部发布的 2021 年度智能制造示范工厂揭榜单位和优秀场景名单。

三、科技创新能力持续增强

近年来，安徽省持续加强前瞻布局和前沿探索，加强核心技术攻坚力度。截至 2021 年年底，安徽省已建成 216 家国家级研发平台，并拥有合肥综合性国家科学中心、国家实验室等创新平台，区域创新能力已连续 10 年稳居全国第一方阵。同时，安徽省被科技部评为 2021 年创新驱动发展和科技创新能力提升成效明显省份。2021 年安徽省科技资金投入高达 415.5 亿元，同比增长 12.4%；科学技术支出占全省财政支出的 5.5%，同比提升 0.6%；国家级企业技术中心所在企业共申请 6879 件发明专利，同比增长 10.3%；全省高新技术产业增加值同比增长 15.5%；高新技术产业出口额增长 47.8%，高于全国平均值 10.7%，科技创新对安徽省的经济发展促进作用不断凸显。

第三节 推进举措

一、优化营商环节，为制造业发展“减负”

安徽省持续推行减税降费优惠政策，编制全国首份财税优惠事项清单，开展大规模减税、减费、减息、减租、减支“五减”行动，2021 年共新增减税降费 334.3 亿元，小微企业新增减税 84.7 亿元，为制造业中小微企业办理缓缴税费 73.8 亿元，制造业企业研发费用加计扣除比例也由 75%达到 100%。先进制造业企业按月全额退还增值税增量留抵税额等政策也缓解了制造业企业资金压力。2021 年，安徽省共 1.6 万户企业申报提前享受 2021 年前三个季度研发费加计扣除优惠，加计扣除金额共计 472.2 亿元，超过 2020 年全年相关金额。

二、加强资金引导，助力制造业发展

一方面，安徽省重视财政政策资金引导撬动作用，推动实施 1000 亿元制造业融资贴息政策，支持设立规模超千亿元的省级政府投资基金，并对风险基金项目和种子基金项目给予资金奖励。另一方面，2021 年安徽省为工业互联网平台培育设立了 10 亿元资金、100 亿元基金，打造以“双跨”平台为引领、区域级平台横向覆盖、行业级和专业级平台纵向连接的全方位平

台赋能体系。

三、积极融入长江三角洲区域一体化发展

2021 年，安徽省围绕“一极三区一高地”战略定位，充分发挥长三角区位优势，推动长三角区域一体化发展，深入实施合肥都市圈一体化发展行动计划，增强合芜蚌国家自主创新示范区带动作用，持续建设合淮产业走廊、合六经济走廊和长三角科技创新共同体。

第十七章

山东省

第一节　发展概况

一、制造业数字化转型优势不断扩大

近年来，山东省借助新一代信息技术与制造业的深度融合，构建数字化、网络化、智能化新型基础设施和全新工业生态，制造业数字化赋能成效逐步显现、实力更加彰显。山东省共有 12 个项目入围智能制造试点示范工厂（全国共 110 个），入围数量仅次于广东省（13 个），排全国第二名；21 个项目入围智能制造优秀场景（全国共 241 个），入围数量列全国第一位；合计入围数量 33 个，居全国首位。其中，青岛、烟台、潍坊、滨州、威海、泰安、聊城等市均有企业入围国家智能制造示范工厂，济南、东营、德州、日照等市均有企业入围智能制造场景。万华化学、滨化集团、潍柴动力、魏桥纺织、路德新材料、三角轮胎、东阿阿胶、歌尔股份、青岛特钢、中车四方、青岛中家特、青岛海尔 12 家上榜企业，在离散型工艺数字化设计、人机协作、精益生产管理、智能在线故障检测、供应链可视化等多项指标上表现非常突出。

二、智能制造高质量发展不断显现

山东省智能装备产业聚焦汽车、先进轨道交通装备、机床与机器人、工程机械、农业装备等重点产业链，以建链、延链、补链等方式不断完善产业链配套模式，打造出高端重卡、磁悬浮列车、高端数控机床、盾构机等一系列国际领先产品。济南高新区智能装备城是济南市智能制造与高端装备产业

发展集聚区，园区已形成交通及工程机械、信息通信、激光装备、新能源新材料、智能制造与机器人五大产业集群。依托五大产业集群龙头企业辐射带动，智能装备城得以引进更多产业上下游配套企业。济南市“东强”发展战略的实施，为智能装备城的发展注入了强劲动力。近年来，园区针对外资企业的招商引资取得重要进展，吸引了一批全球知名跨国制造业企业在智能装备城投资建厂，带来了全球最前沿的智能制造理念与技术。

第二节　主要特点

一、政策发布密集，重点支持中小企业培育

山东省高度重视中小企业发展，发布系列政策支持引导中小企业健康发展。为支持中小企业走“专精特新”发展之路，山东省印发的《山东省“专精特新”中小企业培育方案》提出了四项具体目标：一是自主创新能力显著增强；二是智能化数字化水平大幅提升；三是形成一批掌握独门绝技的“单打冠军”“配套专家”；四是全生命周期服务体系进一步建立健全。同时，着眼于对全省优质中小企业发展的跟踪调度和精准帮扶，组织实施了 2022 年度优质中小企业和重点培育企业入库。目前，山东省已累计培育省级“专精特新”中小企业 3424 家，培育制造业单项冠军企业 557 家，其中，国家级制造业“单项冠军”企业 145 家，数量居全国第二位。拥有 362 家全国专精特新“小巨人”企业，数量居全国第三位。山东省入库科技型中小企业达 2.8 万家，高新技术企业突破 2 万家。

二、重视产业转型升级，助力新旧动能转换

近年来，山东省高度重视产业转型升级，增强新旧动能转换，大力发展装备产业尤其是智能制造、智能装备产业。一方面，深入推进化工产业专项行动，高水平建设智慧化工园区和省级综合数据管理平台。构建工业领域碳达峰“1+N”政策体系和实施方案，坚决遏制“两高”项目盲目发展。实施传统产业智能化技改三年行动计划，2021 年 1—10 月，完成投资 500 万元及以上技改项目 10771 个，提前完成“万项技改”“万企转型”年度目标，预计全年完成 1.15 万个。另一方面，编制实施新一代信息技术、高端装备、高端化工、新材料等“十强”产业突破行动计划，推动成立 11 只产业基金，支持 546 个项目加快发展，基金投资 402.3 亿元，带动社会资本投融资 2232.6

亿元。在制造业九大产业领域 42 条产业链全面推行“链长制”，“链主”企业牵头主导、产业链联盟合作、产学研协同推进、要素保障服务等工作走在全国前列。

三、重视高端装备产业链构建工作

2021 年，山东省高端装备制造业营业收入达到 1 万亿元，增加值占装备工业比重达 46.4%，大型拖拉机、工业机器人、新能源汽车、集成电路、光电子器件等高端装备产品，增速分别达 24.8%、38.7%、97.7%、65.2%、73.1%。山东省高度重视高端装备产业链构建，向产业链、价值链高端方向迈进，进而巩固制造业大省地位。目前，山东省高端装备产业新格局形成，已经将高端装备重点布局在胶济和京沪高铁沿线城市。除济南、青岛、烟台三大核心区外，高铁沿线的潍坊、东营、临沂、济宁、枣庄、聊城等市，也都有各自主攻的优势装备产业集群。2021 年，山东省加快推行“链长制”，涉及的 42 条重点产业链中，高端装备就占了 7 条，分别是汽车、工程机械、农机装备、数控机床、氢燃料电池、海工装备和轨道交通装备。

第三节 推进举措

一、以产业壮大为突破口，促进智能制造发展

近年来，山东省陆续出台《山东省高端装备制造业发展规划（2018—2025 年）》《山东省装备制造业转型升级实施方案》《山东省传统产业智能化技术改造三年行动计划（2020—2022 年）》《山东省促进民营经济高质量发展 2022 年十大专项行动方案》等一系列政策，其中《山东省促进民营经济高质量发展 2022 年十大专项行动方案》提出，开展龙头企业“挂帅出征”引领行动，开展“专精特新”企业激发涌现行动，实施产业链稳链固链工程，全面提升产业生态质量。同时，山东省印发《“十强产业”2022 年行动计划》，重点对技术创新、产业集群、领军企业、重点项目、园区建设、品牌打造等重点领域和关键环节明确了 236 项主要任务及 54 项推进措施，为“五年取得突破”各项目标高质量完成提供全方位支持。

二、以高端会议活动为引领，积极扩展品牌影响力

一是举办“首届世界先进制造业大会”。世界先进制造业大会的成功举

办不仅展示了山东成就、发出了制造强音，而且搭建了国际交流与合作的桥梁，助力山东省打造形成具有全球竞争力的先进制造业基地。二是举办“2021智能制造数字化创新峰会”。随着人工智能、数字孪生以及物联网、大数据与云计算等新一代信息技术的快速发展，智能制造数字化创新日益成为数字经济和智能制造产业高质量发展的核心问题之一，中国作为制造业大国，能否实现由大到强的跨越，关系到经济高质量发展全局。

三、多方位助力打造智能制造生态体系

一是通过推动实施一批创新项目，培育重大技术装备，突破一批基础共性技术，增强智能制造装备供给能力，以产业基础提升推动智能制造创新水平；二是支持制定智能制造行业标准，以标准体系引领智能制造产业发展；三是打造智能制造标杆企业，创建一批示范引领作用强、综合效益显著的智能工厂，打造一批新技术赋能应用场景，推动智能制造企业和工厂智能化水平的提高；四是建立《山东省智能制造生态合作伙伴目录》，加强与黄河流域、京津冀、长三角等区域合作，构建山东省智能制造生态圈。

第十八章

四川省

第一节　发展概况

一、制造业基础深厚，智能制造高速发展

四川省是中国西部工业大省，工业总量排西部地区第一名、全国第八名。近年来，四川省围绕电子信息、装备制造、先进材料等重点产业领域不断提升发展，智能制造行业规模不断扩大，工业经济效益显著提升，医药制造业、晶硅、钒钛等产业基础深厚，拥有四川长虹电子、通威集团、德胜集团、东方电气、达州钢铁等一批制造业强企，其中，营收超过 100 亿元的企业有 22 家。2020 年，四川省智能制造规模增加 4428.3 亿元，占全省规模以上工业企业资产总额的比重从 2012 年的 6.8% 提升到 2020 年的 12.8%，智能制造规模增速居全国第四名。目前，在四川省智能制造行业区域发展中，超过 60% 的企业分布在成都、绵阳、宜宾、遂宁 4 个地区，全省智能制造营业收入和利润总额集中在成都、绵阳两地。

二、平台建设取得成效，推动智能制造创新发展

截至 2021 年年底，四川省共有高新技术企业 10210 家，国家级高新技术产业开发区 8 个，汇集国家级科技企业孵化器、众创空间、星创天地、国际科技合作基地等创新平台 233 个，省级各类创新平台机构 362 个。2021 年，四川省全年完成登记技术合同 1.8 万份，省级科技成果登记 2338 项，各类平台载体成为智能制造创新发展的有力支撑。其中，四川省联合智能制造和低碳能源产业上下游骨干企业、科研院所及高校等成立四川省智能制造创新联

盟，通过开展技术服务和关键共性技术攻关，加大工业制造行业以及低碳能源领域关键技术、核心技术和行业急需的共性技术研发力度，推动智能制造、助力四川制造业转型升级。此外，四川省成立了智能制造创新中心，主要服务于并推动全省智能制造全产业链的整体发展，突出公共服务平台职能，为政府决策和项目管理提供支持；整合全省智能制造平台资源，为企业提供智能制造整体解决方案，促进企业转型升级、助力制造业智能化发展。

三、政策协同深入推进，智能制造趋向均衡发展

2015—2020年，四川省相继出台《四川省推进智能制造发展的实施意见》《“互联网+四川制造”实施方案》《智能装备产业培育方案》等系列政策，积极贯彻落实国家智能制造发展政策方针、组织实施试点示范、推动企业改造升级等工作。在推动“两化融合”方面，四川省围绕电子信息、装备制造、先进材料等重点产业领域培育出近40个省级工业互联网平台，上云企业数超过20万个。截至2021年第四季度，四川省“两化融合”水平达57.7%，生产设备数字化率达50.2%，关键工序数控化率达52.6%，全省“两化融合”管理体系贯标企业总量为1175家，其中达标企业数量达494家，居西部地区第二位。在推进智能制造区域协调发展方面，四川省于2018年出台《关于全面推动高质量发展的决定》，作出“一干多支、五区协同”等战略部署，将全省经济区划分为成都平原经济区、攀西经济区、川东北经济区、川南经济区、川西北生态示范区，重塑四川经济地理并明确了21市（州）的重点产业布局及重点发展领域，构建了区域发展新格局。例如，成都市将重点发展装备制造、先进材料、电子信息产业和数字经济；环成都经济圈中，德阳市将重点放在工业转型升级，做大做强高端装备制造业，培育壮大战略性新兴产业，加快改造提升传统产业；绵阳市打造创新驱动发展的试验田和西部地区发展的增长极；遂宁市则积极融入成渝城市群建设，加强与两大中心城市对接配套，建设成渝发展主轴绿色经济强市。

第二节　主要特点

一、智能制造标准建设成效显著

四川省积极响应中国制造强国战略部署，精准开展数智化转型升级，推进制造业高质量发展，在国家智能制造标准落地应用方面取得显著成效。其

中，国家航空重点企业成飞公司结合集团出台的智能制造建设指导思想，积极推进智能生产单元、智能生产线、智能车间建设，围绕产品制造的数据处理和运行管理、信息流集成融合以优化产品制造过程，建立了“动态感知、实时分析、自主决策、精准执行”的特色智能制造系统，获得了工业和信息化部“2020 年智能制造标杆企业”称号。此外，四川德恩精工科技聚焦智能工厂目标，对制造设备和生产流程进行改造，并广泛应用新一代信息和网络技术、智能物流仓储装备、工业机器人等智能制造关键装备和技术，不断推动工厂生产管理，全面提升数智化水平，在实现柔性制造的同时节省了人力成本，提高了生产效率，其智能制造的新模式使企业的市场竞争力不断提高。

二、动力设备制造全球领先

经多年发展，四川省已经成为全国关键的动力设备制造基地，发电设备的研制水平和产量均具备全球竞争优势。在核工业领域，四川省的核工业几乎占全国总体规模的一半，核电装备研发制造能力突出。在钻采设备领域，四川省拥有全球最大的陆地钻机组装场，是全国重要的陆地石油、页岩气钻采设备研制基地，成套装备出口居全国首位。其中，德阳市重大装备制造业集群享有全球影响力，目前，全国一半的核电产品、大型轧钢设备和大型电站铸锻件，部分水电机组、汽轮机和火电机组装备均由德阳制造，石油钻机出口量居全国第一位，发电设备产量连续多年居全球第一位。

三、航空经济快速发展

四川省是全国重要的航空装备研制基地之一，是我国首个国家级航空高技术产业基地所在地，其模锻压机压制能力全球领先，大型高端无人机远销世界各地。四川省拥有的航空与燃机产业相关科研院所、试验研究基地和制造企业超过 100 家，具备国内唯一完整的飞机、航空发动机和燃气轮机总体设计、总装制造、系统集成、试验验证、维修服务和人才教育培训体系。2016 年，四川省被确定为全国核心航空发动机研制生产基地。航空经济是中国民航快速发展的领域，四川省聚焦航空经济发展，重点支持航空发动机、航空大部件和通用飞机等的研发，推动航空维修集群化发展，突破航电系统关键技术并形成自主核心航电产品，构建了全球闻名的航空高技术产业基地。同时，四川省通过推进通航机场建设，大力拓展旅游航线，探索警务飞行、应急救援等公共服务领域，鼓励飞机融资租赁业务，全面助推航空经济快速发展。

第三节　推进举措

一、多措并举，推动传统制造业企业加快“数智化”转型

为推动传统制造业企业加快“数智化”转型升级，四川省从多方面开展行动。一方面，四川省积极实施制造业立支柱、强基础、锻长板行动。“十三五”期间，四川省将电子信息、先进材料、能源化工和装备制造等优势产业作为支柱产业大力培育，规模体量和年均增速均取得良好成绩。另一方面，四川省持续开展制造业技术竞争力提升行动，贯彻落实《关于进一步支持科技创新的若干政策》，发布重大科技创新“揭榜挂帅”项目，支持企业承担集成电路与新型显示、轨道交通、钒钛资源、智能装备等重大科技专项，加快推动工业云制造、钒钛新材料、超高清视频、动力电池、氢能及燃料电池、工业软件等省级制造业创新中心建设，积极争创国家级制造业创新中心，对新获批的创新中心予以大力支持，引导规上工业企业建立研发中心，推动重点工业企业研发活动全覆盖。此外，四川省推进制造业产业强链补链工程，通过制定制造业产业强链补链工作实施方案，培育生态主导力“链主”企业，依托“链主”企业推进强链补链；支持行业协会、大型企业搭建重点行业产业链供需对接平台，鼓励开展供应链创新与应用，促进产业链供应链贯通发展。实施产业链断链断供产品风险清单管理。

二、开展智能制造试点，推动智能制造深入发展

为推进全省智能制造深入发展，四川省围绕绿色低碳、“专精特新”以及推动两业融合发展等方面积极开展智能制造试点，推进制造业数字化、网络化、智能化转型。一是深入落实“双碳”战略，四川省开展节能标杆企业创建活动，在钢铁、有色、建材、石化化工等重点领域组织了一批绿色低碳技术改造项目，开展绿色低碳技术和产品示范应用，引导低效产能有序退出；推动绿色金融试点，引导金融机构扩大绿色信贷投放。二是通过专项服务计划加强专精特新“小巨人”企业孵化，培育制造业“单项冠军”企业和创新型中小企业，支持“专精特新”企业在北交所上市；实施“小升规”专项计划，支持国家级、省级示范平台和示范基地建设，为中小微企业提供技术服务。持续开展“双创大讲堂”“税务助企”“中小企业银河培训”“中小微企业法律政策市州行”等系列活动。三是推进先进制造业和现代服务业深度融

合发展，通过实施“5G 扬帆行动”及北斗、卫星互联网、工业软件、人工智能、信息安全、新基建等示范工程，争取实现国家人工智能、大数据、区块链等新一代信息技术与制造业融合发展，积极推行工业互联网、智能制造等试点示范应用，发展服务型制造，促进供应链管理等生产性服务业向高端发展。

三、品牌建设持续进行，稳定拓展“四川造”市场空间

四川省通过不断打造自身制造业品牌以拓展市场发展空间。一方面，四川省积极举办“四川造”促销活动，通过实施“三品”战略，支持建设四川制造产品综合推广平台，依托进博会、消费品精品展、中国（成渝）美食工业博览会等平台开拓“四川造”国内外市场；四川省积极响应“百城千屏”号召，积极稳定汽车等大宗消费，举办节能环保品牌川渝行，鼓励川渝汽车、新能源汽车、绿色智能家电等的下乡行动。另一方面，四川省积极开拓新的市场空间，通过落实重大技术装备首台（套）新材料、首批次软件、首版次推广应用政策，支持企业新研发产品占领市场；抢抓川藏铁路建设、新基建和国家适度超前投资基础设施等重大机遇，推动“四川造”产品升级、质量提升、应用场景拓展。同时，四川省组织开展品牌竞争力提升、质量标杆活动，遴选推荐“全国质量标杆”，认定“省级工业质量标杆”，鼓励企业争创中国质量奖、四川省天府质量奖，积极参与“天府名牌”质量品牌认证。

企　业　篇

第十九章

上海新时达电气股份有限公司

第一节　企业概况

上海新时达电气股份有限公司（以下简称“新时达”）成立于 1995 年 3 月，2010 年 12 月在 A 股上市。新时达主要围绕智能控制、变频驱动两大方向，聚焦智能制造装备领域，为客户提供智能驱动控制专业领域核心产品及综合解决方案，并致力于成为智能制造领域的国际著名品牌。目前，新时达主要从事智能制造、工业机器人、运动控制、电气控制、变频驱动五大业务。在智能制造方面，公司主要为汽车白车身、工程机械、木工家具、卫浴等市场和行业提供汽车智能柔性焊接生产线、自动化柔性生产线等产品。在工业机器人方面，公司主要为 3C、白电、包装、食品医药、金属加工等市场和行业提供多关节工业机器人、SCARA 机器人系列产品、机器人柔性工作单元等。在运动控制方面，公司主要为 3C 与电子制造设备、工业机器人与机械手、锂电设备、半导体设备、物流设备、印刷设备、包装设备、机床、纺织机械、食品机械、金属加工、木工加工等市场和行业提供运动控制核心部件控制卡、控制器、伺服系统、传感器等运动控制系列产品及解决方案。在电气控制方面，公司主要提供电梯控制智能化解决方案、电梯云方案、电梯控制成套系统、电梯智能化微机控制系统等产品。在变频驱动方面，公司主要为智慧水务、暖通空调、物流起重、轮胎橡胶等市场和行业提供高低压通用、专用变频器等产品。

第二节　智能制造发展情况

一、深度聚焦技术产品创新升级

新时达持续推进技术创新，通过 26 年持续的研发和积累构建战略技术高地，成为国内少数几家完全自主掌握集底层电机驱动算法、集成产品开发设计、工艺制造为一体的技术型企业之一。新时达成立了中央研究院，组建了一支高素质研发技术人员团队，根据公司战略规划及产品路标规划，对可能涉及的核心技术进行预研。新时达自主开发的机器人控制系统、伺服系统和软件系统，技术自主化率超过整机价值的 60%，为机器人面向细分市场的深度开发奠定了技术基础。新时达已获得超 200 项发明专利和超 250 项软件著作权，承担国家科技支撑计划项目 3 项，主持/参与编制与修订国家技术标准 30 项、行业技术标准 8 项，新时达中央研究院成功获评国家级企业技术中心，新时达成功获评国家智能制造系统解决方案供应商规范条件企业。

二、大力推进智能制造全价值链布局

针对机器人和系统集成产品的数字化、信息化、网络化发展趋势，新时达着力将研发、生产、供应、销售、服务等环节进行串联升级，推行全价值链智能制造，针对客户的个性化需求进行设计开发、采购部件、组织生产、精准营销，为客户提供全流程的智能化服务。信息流和物流是整条价值链中最重要的环节。在信息流方面，新时达在行业中深耕多年，积累了广泛的客户基础，因此拥有丰富的信息来源，同时积极推行数字化战略，自主开发了仿真模拟软件，在对客户的需求进行分析后，应用数字孪生技术进行产品设计、虚拟装备设计和调试，使用数字化方式与客户进行高效对接，以此减少研发时间和生产线调试周期。在物流方面，新时达拥有保持多年合作的优质供应链，具备规模优势，能够保证为客户及时高效地交付产品和服务。

三、打造品牌布局全球营销网络

新时达采取多种措施提高公司品牌知名度和市场占有率。公司持续多年为客户提供性能优良、稳定可靠、品质过硬的产品和优质的服务，在国内外建立了广泛的客户基础，树立了良好的口碑、市场信誉和品牌知名度。公

司逐步建立起强大的营销服务网络，在国内的布局十分广泛，在海外的布局则遍布美洲、欧洲、独联体、中东、非洲、南亚、东南亚等区域，公司产品销往 110 多个国家和地区。公司已在德国、日本、巴西和马来西亚成立了分公司，将进一步开拓海外新兴市场。公司还建立了一支拥有丰富行业经验的市场销售和服务团队，持续建设营销渠道，积极调整营销策略，建立起快速灵活的技术响应机制和较强的市场应变能力。此外，公司的几类产品具有良好的协同效应，在自身发展的同时助力其他类别的产品开拓市场。

第三节　经验与启示

一、专注细分市场，攻坚客户痛点

当前，中国机器人市场仍为外资品牌主导，对中国机器人企业来说通过专攻某个细分场景和领域逐步建立品牌、打开市场是较为有效的发展策略。新时达选择了专攻部分行业和细分市场，深入分析客户在细分应用场景中的需求和痛点，凭借多年的技术积累有针对性地开发产品，并将公司的业务重点从产品提升到解决方案，不断提升市场影响力。在机器人领域，公司紧抓客户希望码垛机器人节拍快、噪声低、稳定性高的需求，运用自主开发的领先的机器人动力学算法，将码垛机器人节拍提升至 1200 包/小时以上，并实现在满负荷、满速运行情况下，机器人仍保持较高的运行稳定性和较低的噪声，整体工作效率实现了与国际品牌并跑。公司紧抓客户希望简单高效布局生产线的需求，开发出新时达机器人仿真软件，该软件可以导入各种格式的 CAD 模型，可快速进行机器人动作和节拍仿真、优化工作站布局，为工程的实施提供最真实的验证。

二、完善激励机制，强健人才梯队

建立强大的人才梯队是智能制造企业发展的关键。新时达非常重视人才储备，通过多种方式建立起一支高水平的研发人才、高技能人才和专业领军人才队伍。公司构建了以技术中心为主体的研发体系，建立起较为完善的产品基础及应用开发平台，并建立起一支包含软件、硬件、工艺、结构、质量和供应链管理等不同专业方向的研发队伍。公司于 2014 年建立了机器人培训中心，5 年来共计培训相关技术人员 1000 多人次，为公司培养了大批高技能人才。公司于 2021 年 7 月创办新时达学府，并与同济大学合作成立了人才培养与产学研合作基地，旨在培育智能制造、数字化技术、制造技术等专业领军人才，进一步推动学科进步和产业发展。此外，公司还通过实施股票期权与限制性股票激励计划吸引和留住优秀人才，有效提高了核心团队凝聚力和企业核心竞争力。

第二十章

苏州绿的谐波传动科技股份有限公司

第一节　企业概况

苏州绿的谐波传动科技股份有限公司（以下简称“绿的谐波”）成立于2011年1月，于2020年8月在科创板上市。绿的谐波主要从事精密传动装置研发、设计、生产和销售，主营产品为谐波减速器、机电一体化执行器及精密零部件等，产品广泛应用于工业机器人、服务机器人、数控机床、航空航天、医疗器械、半导体生产设备、新能源装备等领域。在谐波减速器方面，经过多年持续研发投入，公司在国内率先实现了谐波减速器的工业化生产和规模化应用。

第二节　智能制造发展情况

一、聚力打造技术研发及创新优势

绿的谐波致力于提高技术水平和研发能力，不断强化企业核心竞争力。在技术水平方面，绿的谐波持续加大在谐波减速器结构设计、齿形研究、啮合原理等方面的研发投入，在抗磨新材料、润滑新技术、轴承优化等领域已掌握核心技术，在多项谐波减速器关键技术领域拥有自主知识产权。在研发能力方面，绿的谐波拥有近百名研发与技术人员，形成生产一批、开发一批、储存一批的梯次发展格局，并对产品的前沿领域进行探索和评估，为未来发展提供空间，目前已成立江苏省谐波减速器工程研究中心、江苏省工业企业技术中心、江苏省精密谐波减速器工程技术研究中心等研发机构，与浙江大学、东南大学等高校深度开展研发合作，并承担了多项国家级、省级重大科研项目。目前，绿的谐波已成为国内少数可以自主研发并实现规模化生产的谐波减速器厂商，其产品主要性能指标已达到行业前列水平，并参与制定了多项谐波减速器领域国家标准。

二、持续优化精密制造工艺水平

作为一种核心基础零部件，谐波减速器具有较高的技术门槛，对制造工艺和质量稳定性的要求极高。在提升精密制造工艺方面，绿的谐波拥有一系列精密制造和检测设备，建立了完备的谐波减速器生产制造体系，通过对生产流程中的各个工序进行监测和管理，及时改进实际生产中遇到的工艺问题，对加工过程中用到的工装夹具、刀具、工位器具等进行严格管控，持续优化各道工序和工艺、不断提升生产装配的自动化水平，有效降低了人为因素可能造成的生产效率和产品质量的波动，同时改善了产品的稳定性。在质量控制方面，绿的谐波通过了ISO 9001和ISO 14001国际质量体系认证，建立了从原材料入库到产品出库的全过程质量控制体系，对每个零部件都进行严格的质量检查，品质控制涵盖了新产品开发、供应商管理、原材料检验、装配检验、成品检验、客户反馈、数据分析等领域。

三、覆盖全产业链，提升竞争力和抗风险能力

绿的谐波通过与国际先进企业的长期合作，积累了丰富的精密加工经验，目前已成为国内少数集自主研发、设计、生产及销售为一体并实现谐波减速器规模化生产的公司。绿的谐波是行业中少数能够实现减速器产品全产业链覆盖的厂商，可自主完成原材料的研究和选择、零部件粗加工、精密加工和谐波减速器整机的装配等环节，由此大大降低了生产成本，也可以更好地管控产品性能和质量。绿的谐波的产品具有性价比更高、服务响应速度更快、交货周期更短、可以与上下游厂商协同开发等优势，有效提升了公司在行业内的竞争力。随着中国智能制造产业的发展和下游需求的提升，绿的谐波持续进行产业链横向拓展，通过积极研发机电一体化减速模组、伺服传动系统、机器人关节等本体所需的主要精密部件，公司能够在全产业的价值链内更好地配置生产资源，从而提高了运营效率和灵活性，增强了公司的抗风险能力。

第三节　经验与启示

一、模块化设计新产品，树立品牌声誉

强大的模块化产品设计能力和良好的品牌声誉是核心零部件企业巩固现有客户和开拓新客户的关键因素，也是企业避免与业内同质化竞争、赢得客户信任的重要手段。针对市场上谐波减速器产品逐渐向机电一体化、模块化方向发展的趋势，绿的谐波已研发设计出机电一体化减速模组产品，并持续进行技术创新和产品升级，掌握了产品个性化开发和生产能力，通过参与机器人产品的前端设计、了解客户的设计和生产需求，针对产品的特性创新开发和设计出更加合理的谐波减速器整机方案，由此大大提升了公司的市场竞争力。在品牌提升方面，绿的谐波的产品质量获得了国内机器人企业的普遍认可，公司商标连续多年被评为江苏省著名商标，公司作为“协作型工业机器人与柔性工件精准作业技术”的主要完成单位之一获得 2019 年度上海市科技进步一等奖，在行业内形成了良好的品牌美誉度。

二、快速响应客户需求，开展定制化服务

随着机器人市场成熟度的逐步提高，机器人产品的供需逐渐趋向平衡，下游客户对精密减速器产品质量和配套服务的需求逐步提高，对减速器生产厂商的服务响应速度也提出了更高的要求。一方面，在机器人厂商为终端客户提供系统解决方案时，越来越需要上游核心零部件厂商的技术支持，响应速度快、及时提供技术产品等方面服务的核心零部件企业将争得更多市场和订单，因此要求企业着力加快响应速度。另一方面，随着机器人产品类型和应用场景的不断丰富，针对具体型号或场景的个性化定制需求快速增加，通过及时的技术服务取得客户信任，并随后通过快速的产品设计、制造、供货满足客户需求，是精密减速器企业核心竞争力的重要体现。

第二十一章

上海慧程工程技术服务有限公司

第一节　企业概况

上海慧程工程技术服务有限公司（以下简称“慧程”）成立于 2013 年 8 月，总部位于上海漕河泾中心，是一家开发新一代工业制造应用软件的高新技术企业。慧程聚焦汽车、日化、制药、白酒、烟草、食品饮料、精细化工等行业，为客户提供自动化/信息化的系统集成服务及解决方案。在全球工业升级转型的浪潮下，慧程积极推动在工业互联网环境下新技术的具体应用，包括工业人工智能、大数据平台、协同制造等，致力于打造引领中国制造发展的工业信息化平台。慧程积极推动自动化与信息化技术相融合，以工业软件产品、自动化/信息化工程服务、工业大数据及人工智能、智能工厂咨询服务为四大核心业务，基于现有的解决方案，不断地研发投入，解决方案可满足各种类型的企业多样化、定制化及高品质的需求。

第二节　智能制造发展情况

一、“数据驱动+云原生”，助力企业数字化转型

慧程自主研发的 HiperM3 系列产品，以 Kubernetes 架构为基础，采用了容器化部署模式，同时提供了云原生操作系统和工业应用系统，实现第三方应用无缝对接，并更好地适应了企业级混合云应用形态，帮助企业快速迈入云原生时代。HiperM3 系列产品顺应了制造行业生产模式的变革及信息技术的发展趋势，依托深厚的工业自动化和信息化背景，引入先进软件架构，建立了一套基于分布式系统技术框架上的平台产品。平台充分体现“去中心化”

设计理念，融合了生产模式的变革，将先进的云计算技术和行业知识充分融合，将“数据”转化为企业实在的“资产”，以“数据资产模型”为核心产品力，为企业数字化转型提供易用的标准软件产品。

二、“技术+产品+业务”全方位提升，受国内外权威认可

慧程积极推动自动化与信息化技术相融合，目前已经拥有 40 余项软件著作权和软件产品，相关软件产品已经成功应用到大量领先企业客户的智能制造项目中，满足不同行业企业的多样化、定制化及高品质的需求。截至目前，慧程已成功服务 40+优质行业龙头客户，覆盖快消行业（日化行业：宝洁、联合利华；白酒行业：洋河；烟草行业：杭烟；食品饮料行业：伊利、达意隆），汽车行业（上汽、一汽、长安），制药行业（汇仁），化工行业（华谊、3M）等重点客户，拥有大量头部企业的智能制造标杆案例。

三、深度 Know-how，围绕全面行业战略及客户策略

慧程基于各行业重点企业客户现有的解决方案，不断地研发投入，为制造型企业搭建以行业大数据模型库、远程运维中心、MOM 软件平台为中心的新云平台架构，帮助制造型企业持续提升智能化水平，成为向制造业企业提供多样化、定制化及高品质智能化解决方案的代表。凭借深度的行业 Know-how 及实施能力服务头部标杆客户，形成细分领域示范效应，并积累行业优势打磨微服务平台。积累并提炼行业共性，扩充微服务模块，提升 AI 能力，丰富行业套件，以更丰富的产品线快速覆盖中小型客户，占领市场份额。以通用化的微服务、AI 产品体系，多维度、多层次助力工厂智能化升级，成为国内工业信息化、智能化的领导者。

第三节　经验与启示

一、聚焦关键核心技术研发，助力智能制造

慧程聚焦工业软件和大数据人工智能工业应用的研发，提升以技术为核心的竞争力，同时以工厂制造 MES 为切入点，结合工业大数据和微服务技术，逐渐形成了包含设备层、MES 微服务平台、工业 AI 平台及行业套件的智能制造服务体系，推动业务拓展，为用户提供更好的行业解决方案和更优质的服务。目前，上海慧程工业软件产品有三大平台，提供多样化、可灵活

扩展的工业软件产品："制造协同平台"助力工厂全面数字化并提升决策效率；"智能决策平台"助力企业深度融合人工智能，驱动智能决策；"物联网平台"助力设备数据自动采集，促进 IT/OT 深度同步融合。

二、跨行业搭建微服务平台，把握市场机会

慧程围绕制造业的智能化转型，进行产品的快速迭代，针对消费升级、线上线下渠道碎片化等趋势倒逼消费品生产制造升级的问题，研制消费品行业定制化、柔性化生产等功能。同时，慧程积极拓展市政、轨交等领域，从消费品到市政、轨交等新领域，慧程微服务架构的 30%～40%可以通用。目前，头部客户包括多家知名消费品牌，并为国内多个城市打造了轨交综合运营平台。此外，慧程与通用型工业互联网平台合作，服务于地方性工业互联网的建设，搭建涵盖汽车、冶金、矿山、机械加工等行业的区域性工业互联网平台。慧程通过不断深入服务市政、汽车、航空、快消等行业的龙头企业，确定了行业领先地位。

第二十二章

上海氯碱化工股份有限公司

第一节 企业概况

上海氯碱化工股份有限公司（以下简称“氯碱化工”）于 1992 年由国有特大型氯碱企业——上海氯碱总厂改制而成，主要生产基地位于上海南部的上海化学工业区，总占地面积约 67 万平方米。公司在上海主要装置有 72 万吨/年烧碱、72 万吨/年二氯乙烷、60 万吨/年液氯、8 万吨/年特种聚氯乙烯树脂；在内蒙古装置有 7 万吨/年烧碱和 10 万吨/年聚氯乙烯树脂。随着公司国内外市场一体化战略的推进，建成了具有 500 万吨吞吐能力的危化品码头，产品远销亚太和欧美地区。

氯碱化工致力于烧碱、氯、氯的相关制品及聚氯乙烯树脂产品的研发与工艺优化，具备提供技术支持和服务的能力，成立了全国首家氯碱行业的国家级技术中心。此外，公司的生产和安全数据已经积累超过 10 年，工厂自动化程度高，设备联网率高，工厂各板块的数字化工具使用率高，先后获评国家应急管理部“工业互联网+危化安全生产”试点单位、工业和信息化部“2021 年度智能制造优秀场景”、上海市智能工厂。

第二节 智能制造发展情况

一、管理全局化，打造化工行业智能工厂

氯碱化工针对流程型工厂场地大、人员少、安全节点多等特点，实行全局化管理，通过安全和生产数据的实时监控快速发现及定位安全和生产问题，保障不间断的安全生产。全局数据采集由安全监控平台、工

业操作系统、ERP、MES 等众多系统完成，通过智能工厂门户进行集中决策管理。基于安全数字化管控的氯碱化工智能工厂，以安全管控为主线，从全局化管理、一体化安全、智能化生产、网络化装备、数字化基础 5 个方面，建设了 23 个数字化模块，实现对已建成工厂的数字化改造和智能化升级。

二、安全一体化，保障工厂整体安全运营

以数字化保障安全生产的一体化是氯碱化工智能工厂的核心，通过一体化管理平台和场景化安全管控可以实现安全运营。一是液氯的生产存储输送实现一体化的安全管理。连接工艺装置和生产线的报警和视频监控设施，实现网格化安全监控，且与各级安全生产和应急指挥管理中心连接。二是建立完善的 HSE 系统，一体化统筹安全相关的检测、风险管理、事故处理、作业安全、危化品管理、应急管理等，实现数字化的健康安全管理。三是建立基于 GIS 的数字孪生危化地图。液氯厂房已实现 3D 建模，完成与应急联动系统的对接，加紧与 MES、HSE、综合安防等系统的对接。通过安全管理一体化的实施，可有效减少安全事故造成的人身和财产损失。

三、生产智能化，实现质量效益稳步提升

氯碱化工通过数字化工具的使用辅助设计、生产、工艺、物流、供应链、质量、能源等各个环节，生产流程不断进行数字化改造和智能化升级。为应对原料储存装置因室外温度、气候变化、负荷变化等各种因素产生的波动，采用预测控制、智能控制、软测量等先进控制技术，对烧碱、氧氯化装置的先进控制系统进行智能化升级，实现生产装置平稳操作，稳定并改善产品质量，提高产品收率，达到节能降耗的目的。针对非计划停车的痛点，工厂引入机组动态监测系统对离心压缩机组进行监控，通过机理模型的专家系统分析机组的状态，实现设备故障提前预警，加快处置速度，保障生产。氯碱化工 MES 采用国内外先进、成熟的技术，结合自身生产和管理的特点，实现工厂生产过程透明化、产品质量问题可追溯、及时准确的生产报表和反馈，优化资源利用，提高生产管理的精细化水平，增强企业生产经营的盈利能力。

第三节　经验与启示

一、聚焦新技术与制造业融合应用，加快数字化转型

氯碱化工在多个场景中实现与人工智能、5G、数字孪生、虚拟现实等新兴技术的融合创新。人工智能视觉识别技术主要用于安全监控，人工智能视觉识别技术与监控视频结合可自动发觉和定位电解液泄漏点，视觉识别技术也被用于管控液氯车间的人数，保障人身安全。5G 技术主要用于巡检机器人，保障数据传输的实时性。数字孪生技术用于构建模拟场景，作为报警监视和警情处置的推演沙盘和安全演练的模型，实现实景视频和数字孪生场景的交互，为决策判断提供更多的分析手段。虚拟现实 VR 技术被有效用于安全培训，模拟危险情况的应急处置，提高应急处理能力。以氯碱化工智能工厂为案例，新技术的应用可被推广到化工行业和其他流程型行业。

二、构建“工业互联网+危化安全生产”，形成全面互联模式

氯碱化工通过设备改造和升级构建数字化系统，基于工业互联网平台，以安全数字化管控为重点，上线集成 ERP、MES、HSE、SAP、CRM、SRM、智能巡检、智能发货、危化安全管理等信息化系统，打造从计划排产到成品入库、发货等全过程数字化的智能工厂。氯碱化工通过工业互联网平台实现向下可以调用生产设备、系统、生产线等海量的资源，向上可以承载云化的工业软件或者新型的工业 App。在氯碱化工门户中，MES、能源系统、HSE、质量系统、设备管理系统、仓储物流系统等，都能以工业互联网平台作为登录入口，为企业提供一体式站内集成展示，以达到提高企业生产管理一体化水平的目的。

第二十三章

珠海格力电器股份有限公司

第一节　企业概况

珠海格力电器股份有限公司（以下简称“格力电器”）成立于 1991 年，是一家多元化、科技型、全球化的工业制造集团。格力电器的早期业务以组装家用空调为主，经过多年发展，已构建形成覆盖家用消费电器和工业智能装备两大领域的多元产品体系，产品远销 160 多个国家和地区，在全球拥有 15 个空调生产基地、6 个再生资源基地。格力电器一直坚持创新驱动，研发创新能力行业领先，截至 2021 年年底，格力电器在全国拥有 16 个研究院、126 个研究所，累计申请国内专利 93347 项，拥有 34 项国际领先技术和多个国家级科技创新平台，同时是国家通报咨询中心研究评议基地。强劲的科研实力为格力电器提升产品质量、稳固和扩张市场规模提供有力支撑。2021 年上半年，格力电器营业收入达 910.57 亿元，同比增长 31.01%；格力中央空调占据全国 16.2%的市场份额，居行业第一位；格力家用空调内销占比为 33.89%，排行业第一名；格力电器在福布斯“全球企业 2000 强”中排第 252 位，并上榜《财富》世界 500 强。

格力电器从 2013 年起陆续进军智能装备、精密模具、半导体芯片等领域，进行产业布局优化调整和智能制造转型升级。当前格力电器的工业智能装备已经覆盖伺服机械手、工业机器人等十多个领域。同时，格力电器依托自由工业智能装备对自身生产制造进行改造，形成成熟的智能化生产流程，并为电子、食品、机电等行业领域的企业提供智能化工厂解决方案。2017 年格力电器长沙公司获评工业和信息化部“智能制造试点示范企业”和“工业互联网应用试点示范企业”，2019 年格力智能装备六轴工业机器人的研究开发成功入选广东省智能制造试点示范项目，2020 年格力电器珠海基地入选广东省首批“5G+工业互联网”示范园区，2022 年格力电器宿迁工厂与京东云打造的工业互联网智能工厂入选 2021 年江苏省智能制造示范车间、2021 年省级企业技术中心。

第二节　智能制造发展情况

一、工业智能装备形成五大产品体系，实现多领域核心技术突破

格力电器主要依托珠海格力智能装备有限公司（以下简称“格力智能装备”）发展工业智能装备业务，基于在家电核心零部件领域强大的研发制造能力，格力电器工业智能装备已经形成数控机床、工业机器人、工业自动化、智能仓储物流设备和智能环保设备五大产品体系，拥有超百种规格产品，并重点推进打造龙门加工中心、重载和激光导航自动导引运输车、高速高精机器人、家电非标自动化生产设备、节能环保装备等核心新产品。格力智能装备在工业机器人用高性能伺服电机及驱动器技术、机床专用多轴一体直线伺服系统等工业智能装备核心技术领域已实现技术突破，目前，格力智能装备工业机器人、高端数控机床等产品处于行业领先水平。2020 年格力智能装备拥有 5 个生产基地、6 个专业化公司、7 个技术服务中心，申请专利 2800 余项，其中发明专利 1760 项，近年来先后获得国家高新技术企业、广东省工业机器人骨干企业等多项荣誉，牵头完成多项国家重点项目，参与制定 3 项机器人行业国家标准，并围绕智能制造和智慧物流两大领域打造示范项目，成功推进工业智能装备在高端白酒制造行业、PCB 行业、汽车零部件制造行业、食品行业及国家电网等行业领域的应用，2020 年格力电器智能装备业务营业收入达 7.91 亿元。

二、提供智能制造全产业链解决方案，加速智能制造转型升级

格力电器依托工业智能装备深厚的产品优势，已打造出智能制造全产业链系统解决方案，主要提供智能制造服务系统、智能制造应用系统等服务。在智能制造服务系统方面，格力电器主要通过智能视觉、智能语音识别分析、人脸识别分析、工艺动作识别分析等技术进行研发，打造平台级、设备级产

品，为公司内部和行业客户提供包括工业云、边缘应用等服务的智能制造服务系统，智能制造服务系统能够提供图像采集处理、自然语言处理、语音识别、信号处理、运筹优化等功能。在智能制造应用系统方面，为推进智能制造服务系统与生产应用需求深度融合，格力电器打造了六大核心系统：人脸识别应用系统、物流仓储调度系统、工业工程与运筹学系统、语音/音频分析系统、工业视觉检测系统和智能搜索推荐系统。目前，格力电器已经在全国打造多个智能制造示范工厂，是全国智能制造标杆引领企业，格力电器长沙生产基地已经实现格力智能制造全产业链解决方案的应用，通过“工业互联+能源互联”，格力电器长沙生产基地成功实现降本降耗和提质增效，是格力电器绿色生产制造标杆示范工厂。此外，格力电器已与电子、食品、机电等行业的大型企业达成项目合作，为客户提供基于智能物流及信息化的智能工厂系统解决方案。未来，格力电器将围绕工业互联网平台建设、样板工厂建设、三化深度融合等领域加速推进智能制造转型升级。格力电器将按照自身智能制造发展战略，不断拓宽工业智能制造的应用场景，深入布局智慧办公、智能检测、智能识别等人工智能应用领域，加速自动光学检测应用、关键物料智能检测、工业视觉检测应用等业务板块的应用落地，促进生产效率和质量水平提升。

三、深耕模具领域，在模具智能制造、技术创新等领域领先

格力电器于2013年进军精密模具行业，2016年成立的珠海格力精密模具有限公司（以下简称“格力精密模具”）专注于精密模具的研发和生产，并成为行业内技术创新、智能制造、信息化和质量管理的标杆。格力精密模具在武汉、成都等地拥有多个生产基地，拥有2条数控设备、超过1200台的自动化加工生产线、20多条自主研发的模具自动化加工生产线，客户覆盖汽车、家电、航空航天、3C 电子等多个领域。格力精密模具高度重视精密模具科研创新和技术突破，是模具制造大数据分析、物联网、工业机器人、人工智能、云计算等模具智能制造领域研究与应用的行业引领者。2020年格力精密模具累计申请专利485件、累计获得授权专利293件，建成“广东省智能化模具技术创新中心”，并持续在模具仿真设计、智能化设计、新型模具技术、智能制造应用等技术领域进行攻关，申请专利90项。2019年格力精密模具“大型模具企业精细化成本管理运用与实践”项目获得广东省企业管理现代化创新成果二等奖，并获批筹建“广东省智能化模具技术创新中

心”。格力精密模具通过技术创新已帮助多个传统产业企业实现转型升级。2020 年格力精密模具首次采用多腔立式方形侧进胶热流道技术，为传统文具企业客户提供全新精密高效多腔注塑解决方案，实现生产智造升级；格力精密模具彻底颠覆餐盒行业传统油加热模具技术，帮助餐盒行业企业成功研发出清洁高效的蒸汽模方案；格力精密模具还成功研发了玻璃嵌件模具、加碳纤超高转速涡轮模具、黑色皮纹汽车外饰件成型技术等多项新兴模具技术。

四、发力半导体芯片制造，已成功量产和广泛应用

为改变芯片受制于人的局面，格力电器从 2016 年开始着手自主研发芯片，2018 年格力建立珠海零边界集成电路有限公司，正式布局半导体领域，2019 年投资 30 亿元收购闻泰科技，加码半导体芯片领域布局。目前，格力电器在芯片制造领域已取得丰富的研发成果，2020 年格力电器及其子公司累计申请半导体相关技术专利 629 件，其中国际专利 56 件，发明专利“时钟电路稳定性的判别方法及装置”获 2020 年第七届广东省专利银奖。格力电器已成功研发出工业级 MCU 芯片和智慧家庭系列芯片。格力电器工业级 MCU 芯片具有高性能、低能耗、高集成度、低成本等特性，已实现千万颗量产，在格力空调系列产品中得到应用，并能广泛应用于家居产品、消费电子、高性能电机控制大型商用机组、工业传感、可穿戴设备、健康医疗配套等领域。格力智慧家庭系列芯片融合了嵌入式 MCU 和人工智能算力，能实现图像识别、电机驱动、人机交互、安全加密等功能，已应用于智能空调节能、智能风扇等领域，并提供完整的软件配套解决方案，能够在端侧物联网、智能家居和智慧家庭、工业自动化等领域实现广泛应用。

第三节　经验与启示

一、坚持自主研发，掌握核心科技

为实现技术突破，掌握核心科技，格力电器一直坚持“核心技术自主研发”，并提出研发经费“按需投入，不设上限”，2020 年格力电器研发投入达 62.13 亿元，同比增长 3.37%，研发投入占营业收入的比重达到 3.69%，其中在工业机器人领域累计研发投入超过 10 亿元。经过多年累积沉淀，格力电器取得了丰厚的创新成果，截至 2021 年上半年，格力电器累计取得 33 项国

际领先创新成果；累计获得106项国家级、省部级、行业级科技奖励；在智能装备制造领域，格力电器以人工智能为研发核心，重点突破工业机器人、数控机床等领域的核心关键技术，打造中国智能制造品牌，目前格力电器在工业机器人、高端数控机床等领域已成为国内智能制造领军企业，并通过自主研发的智能装备实现智能化、数字化转型，大幅提升生产效率。

二、培育自主创新人才，实现高质量人才供给

格力电器一直坚持自主培养人才，通过自主培育创新型科技人才和精工制造的技能工匠，构建多元化创新人才梯队，支撑公司科技创新发展。在创新科技型人才培育方面，格力电器以校园招聘作为人才引进的主要渠道，通过集中培训、项目实践和导师引领等方式对公司研发人才进行全方位培训，以提升专业技术人员的研发水平。2018—2020年格力电器累计开展超过350场专业技术培训，累计培训人数超过2.5万人，并引进培育了一批高层次科技人才。在精工制造的技能工匠培育方面，格力电器重点推动对应用型技能人才的培养，加快自身生产制造向自动化、智能化转型，通过持续推进“技能与学历双提升”计划、利用省级技能工作室资源和自建技能工作室等举措，打造高技能人才“蓄水池”，并选拔培育了一批“高精尖缺”技能人才。截至2020年年底，格力电器已培育超过36000个技能型人才，其中8000余人获评为中级、高级以上技师，多人获得省级、市级荣誉，拥有广东省技术能手7人，南粤技术能手1人，珠海市技术能手5人，珠海市岗位技术能手标兵4人，珠海首席技师6人，珠海特级工匠6人，珠海工匠133人；建设了“黄国军国家模具技能大师工作室”和其他3个技能大师工作室，正在筹建国家高技能人才培育基地。

表23-1　截至2020年年底格力电器人才引进和培育情况

	人才类别	人　数
创新型科技人才	享受国务院特殊津贴专家	3人
	国家科技创新领军人才	2人
	广东省特支计划杰出人才	1人
	南粤突出贡献奖	1人
	珠海市高层次人才	80人

续表

	人 才 类 别	人　数
创新型科技人才	珠海青年优秀人才	448 人
	格力电器内部评定科技专家	710 人
	中级、高级以上工程师	7500 余人
技能工匠	广东省技术能手	7 人
	南粤技术能手	1 人
	珠海市岗位技术能手标兵	4 人
	珠海市技术能手	5 人
	珠海首席技师	6 人
	珠海特级工匠	6 人
	珠海工匠	133 人
	中级、高级以上技师	8000 余人

数据来源：格力电器年报、赛迪顾问，2022 年 6 月。

三、搭建公共科研创新平台，支持技术创新和产业可持续发展

格力电器注重公共科研创新平台对公司技术创新和产业可持续发展的支撑作用，围绕多元化战略发展布局，格力电器已在空调业务板块建设国家重点实验室、国家工程中心等科研创新平台，并继续推动在智能装备、电机等新业务领域搭建高水平研发创新平台。2021 年上半年，格力电器获批建设广东省高速节能电机系统企业重点实验室，在智能装备技术领域实现突破。

第二十四章

深圳市雷赛智能控制股份有限公司

第一节　企业概况

深圳市雷赛智能控制股份有限公司（以下简称“雷赛”）创立于1997年，总部位于深圳市南山区智谷产业园，专门从事运动控制系列产品的研发、生产与销售，产品主要为数字式步进驱动器、交流伺服系统、数字式直流伺服系统、步进电机、多轴PCI运动控制卡、独立式运动控制器、专用数控系统等，在电子、机械、测量、激光、医疗、纺织、包装、广告等上百个细分领域的自动化设备中得到广泛应用，产品远销美国、德国、英国、印度、新加坡等60多个国家和地区，为各行各业的设备制造商提供完整的运动控制解决方案。同时，雷赛积极布局运动控制系统未来网络化、一体化和智能化前沿领域，在高速度高精度运动控制、现场总线控制、视觉检测控制等新兴关键技术上大力开展攻坚研究。

雷赛从创立至今，已获取“知识产权管理体系认证证书”“ISO 9001质量管理体系认证”“ISO 14001环境管理体系认证”“CE认证证书”等一系列资质认证，取得发明授权专利24项、实用新型授权专利53项、外观设计授权专利30项、软件著作权登记110项，同时是国家级高新技术企业。雷赛先后获得“第十五届工业自动化及智能化年度智能控制奖”“2017年度深圳市机器人行业十大机器人企业奖”“CMCD 2017年度运动控制领域最具影响力企业”“第十六届中国自动化及智能化年度评选驱动与执行奖”“2018年度深圳市十大机器人关键零部件企业”“2019年度运动控制领域最具影响力国内品牌”“深圳经济特区建立40周年社会主义先行示范区装备工业科技创新奖”等多项荣誉。

第二节　智能制造发展情况

一、深耕步进和伺服系统，实现核心技术突破

在步进系统方面，雷赛在多个重点领域组织技术攻关，持续改善步进系统算法与功能，实现了步进驱动无位置传感器丢步检测技术、步进电机低速抗振和噪声抑制技术、步进电机中速抗振抑制技术等多个核心技术领域的重大突破，步进开环和闭环系列产品的响应性和平稳性得到明显改善，目前雷赛的步进系统产品主要应用于激光、电子、纺织机械、雕刻及医疗设备制造行业。在伺服系统方面，雷赛通过拓宽工业智能制造的应用场景，优化相关领域核心技术，重点对具有高可靠性需求的智能终端生产线、具有高精度需求的雕切设备、具有高环境耐受需求的水钻、食品机械以及具有多轴总线需求的新能源等应用场景深入布局，雷赛伺服系统的 L6 经济型、L7 型、L8 型等系列产品已进入特种机床、电子制造装备、纺织机械等设备制造行业。此外，公司自主研发的新型混合式伺服控制系统克服了传统步进系统存在的丢步现象，具有控制简单、成本低、可靠性高等特点，同时具备一般伺服系统的优良特性，实现了对步进系统闭环控制的突破，不仅拓宽了伺服控制系统的应用范围，还进一步拓展到了服务器领域。

二、提供“控制器+伺服+步进”的整体解决方案

雷赛专注于运动控制系列产品的研发、产销，以其控制器、步进、伺服、智能一体机等多系列产品为依托，面向运动控制器市场全领域运作。公司配合不同层次的客户需求，将硬件组件、控制软件和应用工程支持集成为一体，一站式地精准获取达到最佳性价比的运动控制方案。雷赛针对一家客户提供完整的系统，能有效加速自身研发进程并降低成本。对客户而言，雷赛全面的运动控制系统可提供稳定的软硬件和应用开发支持，能显著提高机器使用精度和工作效率。此外，雷赛针对专用机床、工业机器人和电子设备制造等不同领域的市场需求定制设计运动控制产品及系统解决方案，在国内市场的占有率不断提升。

三、打造柔性优质的自动化检测系统

雷赛的产品从原材料到半成品再到成品的检验均实现自动化流程。一是实现了对原材料的自动检验。雷赛的来料质量检测检验室引进了自动光学检

测自动化监测设备、三维显微镜、影像测量仪等先进的检测设备，对电子料、IC、PCB 板、五金结构件等主要原材料实施精密的检测，确保了物料检测质量与物料上线合格率。二是实现了半成品 PCBA 烧录软件自动化与电性能检测自动化。雷赛自行开发的驱动器 PCBA 烧录软件自动化与电性能检测自动化设备，配置 AVG 小车自动送料，已经完成了开闭环步进驱动器、交流伺服驱动器、混合伺服驱动器的 PCBA 从“雷赛云”全自动烧录软件，PCBA 电性能测试全自动化，从而达到了 PCBA 软件烧录与检测“熄灯”作业的节能环保、绿色生产模式。三是实现了成品检测自动化。雷赛开发了一种开闭环步进驱动器、混合伺服驱动器、交流伺服驱动器的成品全自动检测装置，通过人机结合，对待测试驱动器的二维码扫码（设备自动启动对该扫码的驱动器成品的电性能全自动检测），保证了驱动器成品测试质量与一致性、减轻了作业人员手工劳动强度、提高了检测效率。雷赛自行开发的驱动器外观与丝印的光学全自动检测装置能准确地鉴别校对驱动器外观、丝印字符、产品标签，保障了驱动器产品合格率，并使生产效率得到了进一步提升。

第三节　经验与启示

一、建立以自主研发为主、对外技术合作为辅的研发模式

从研发投入来看，雷赛维持着较高的投入水平。2020 年雷赛技术人员数量占企业员工总数比重达 30.02%，其中大专及以上学历员工数量占技术人员比重达 62.77%；2015—2020 年新产品的研发费用复合增速达 18.38%；2018—2020 年公司研发费用率均值达 9.74%，高于同行业公司平均水平的 8.12%。从产品研发体系上来看，雷赛将长期产品开发工作中积累的体系建设经验规范化、流程化，有效提升了研发团队整体绩效作用。雷赛产品研发体系由产品、研发、测试研究 3 部分构成。产品部门主要负责调研分析目标市场客户需求，并进行产品规划、管理；研发部门提供产品开发技术支持，主要负责技术预研和技术平台、产品平台的搭建，产品项目的研发实施；测试部门主要负责产品测试和行业应用研究工作，同时把控新品设计的质量。从产品研发流程来看，雷赛注重整个研发过程数据的创建、业务的协同、人员和数据安全的控制、设计过程中的配置。雷赛以市场为导向，通过实施集成产品（IPD）开发工作流程，缩短产品研发周期、减少成本、稳步提升产品质量，从而降低研发风险，促进自主研发模式的良性循环。此外，雷赛依

托“智能装备运动控制与应用技术工程实验室”等多个政府支持的重点研发平台，开展运动控制产品的各类行业研究与应用，并着重与中国科学院、清华大学、中国科学技术大学等国内外知名高校、科研机构建立长期合作关系，联合推动产学研发展。

二、形成高效柔性供应链模式，不断优化供应链体系

雷赛综合运用企业管理解决方案（SAP）系统、客户关系管理系统、供应链管理系统和科学的计划方法，对产品生产计划实施情况进行周期性审查，建立供应商管理模型，不断提升自动化生产水平，从而建立起一个高效柔性的供应链体系。从生产计划前瞻性、准确性和柔性角度出发，雷赛借助SAP系统提供准确的主生产计划及物资需求计划解决方案，并由供应链管理系统进行有效的控制。雷赛通过从生产计划到供应商数据的共享和预测、订单、备货数据快速交互集成供应链管理，实现了从供应商端到客户端的快速响应。借助供应链管理体系，雷赛将标准产品的批量生产和顾客定制品的差异化生产相结合，从而实现产品批量生产和客户产品多样化、小批量生产的经营模式，并对产品设计、生产的全过程进行质量管控和改善，确保全流程控制的有效性，建立起自上而下一体化、数字化的质量管理体系。在供应商管理上，雷赛为确保关键材料质量，建立了专家团队认证、供应商考核多方面综合评估的供应商筛选标准，强化了对采购业务和来料质量的控制能力。

展 望 篇

第二十五章

发展形势展望

第一节　整体展望

一、中国将持续大力推进“十四五”智能制造发展

近年来，中国持续推进智能制造发展，先后出台多项政策规划和布局智能制造发展方向。以智能制造相关产业为代表的新一代信息技术与制造业深度融合产业不断涌现和持续发展，柔性化生产、服务化延伸、共享制造等新模式、新业态逐渐形成并持续扩大影响力，越来越多的企业和社会资本看到了智能制造带来的经济增长成效，纷纷投入智能制造相关产业赛道，共同推进中国智能制造发展。根据《“十四五”智能制造发展规划》的部署，中国智能制造相关产业在“十四五”期间将迎来更大的发展空间，预计到 2025 年，产业规模有望突破 3.2 万亿元。

二、联动云端和工业现场的边云协同将加速推进智能制造发展

边云协同构建云端与工业现场边缘端联动，将有效解决工业核心数据上云安全和上云成本高等问题，促进企业建设工业互联网、开展智能化改造的意愿，推进制造业企业数字化进程。通过将丰富的云端业务能力延伸到边缘节点，实现传感器、设备、应用集成、图像处理的协同，并利用边缘计算技术使工业现场设备实现自学习、自诊断、自优化，再使用算法平台将云端与边缘侧进行串联，打造边云协同的工业新大脑，降低制造企业核心数据安全隐患、提高企业上云上平台意识、实现数据就近实时智能化处理，将成为未

来智能制造发展的主要路径。

三、工艺智能化将成为新时期智能制造发展的突破口

工艺智能化是制造业智能化提升的关键，将切削、铸造、锻造等产业工人的加工经验转化为数据，基于数据分析、机器学习等技术，形成工艺知识库，围绕工艺推动新一代信息技术赋能智能装备，实现知识自动化，是促使中国智能制造水平进一步提升的重要手段。在向智能化转型升级的过程中，企业逐步认识到，工艺创新是制造业企业发展的看家本领与核心技术，冶金、焊接、铸造、喷涂、激光成形等基础工艺是制造工艺优化创新的重点方向。随着工业互联网的快速发展，大数据、人工智能等新一代信息技术将从参数优化、反馈补偿、智能迭代、工艺仿真、数值模型、方案比较、复合工艺、工艺装备 8 个方面赋能工艺装备的智能化，开拓制造业智能化转型升级的新方向。

第二节　子行业展望

一、新能源汽车

随着国家层面新能源汽车产业支持政策的陆续出台，在疫情防控常态化的影响下，新冠肺炎疫情对新能源汽车产业发展的影响将进一步降低，未来中国新能源汽车产业将持续呈现快速发展的态势。

（一）产业规模与结构预测

1. 2024 年中国新能源汽车产业规模有望突破 700 万辆

2021 年，新能源汽车产业规模快速扩大，技术领域实现深层次突破，新能源汽车配套环境日益优化，为后续新能源汽车产业发展奠定良好基础。2022 年，一方面，随着汽车智能化和网络化趋势的演进，汽车逐步向有交通出行功能的电子产品转变，“软件定义汽车”成为新能源汽车产业发展的重要趋势，小米、牛创等互联网公司纷纷入局造车，将进一步加剧行业内竞争态势；另一方面，随着补贴政策退坡，原材料成本上升，行业内企业需要持续自我革新，用体系化能力降本增效。预计到 2024 年，中国新能源汽车产业规模有望突破 770 万辆（见图 25-1）。

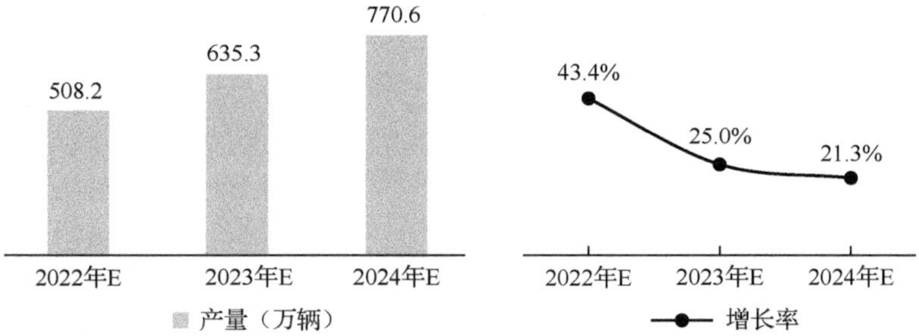

图 25-1　2022—2024 年中国新能源汽车产业规模与增长预测

数据来源：赛迪顾问，2022 年 2 月

2. 纯电动汽车占比仍然最高，插电式混合动力汽车规模占比逐步提升

纯电动汽车是新能源汽车面向碳达峰碳中和的主要抓手，但是碳达峰碳中和作为一项系统工程，并非仅仅依靠纯电动汽车就可轻易实现。随着中国新能源汽车路线的逐步明朗，插电式混合动力汽车作为目前传统燃油汽车向纯电动汽车过渡的重要产品，仍将扮演重要角色，随着混合动力技术不断发展和走向成熟，未来 3～5 年插电式混合动力汽车占比有望获得一定提升（见图 25-2）。另外，2021 年 9 月，中国首批 3 个燃料电池汽车示范城市群落地（北京市、上海市和广东省佛山市），为燃料电池汽车发展增添有力支撑，但燃料电池汽车规模化还有很长的路要走。

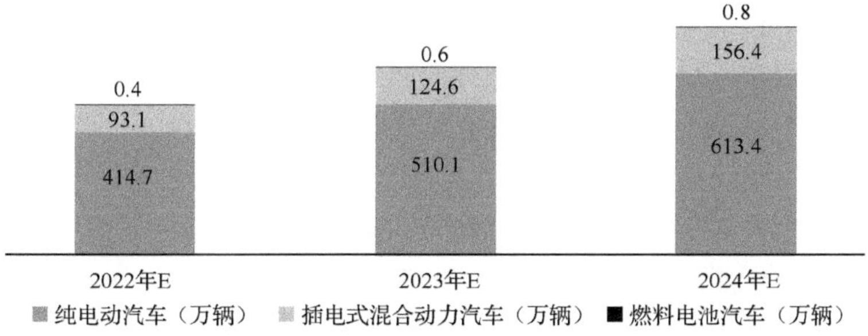

图 25-2　2022—2024 年中国新能源汽车产业结构预测

数据来源：赛迪顾问　2022 年 2 月

3. 中南、华东地区仍是新能源汽车产业发展主要地区

一方面，目前，中南、华东两个地区的新能源汽车产业规模在中国新能源汽车产业总规模中占比较高。另一方面，中南、华东地区在新能源汽车相关充电桩、换电站等基础设施的建设上相对超前，为新能源汽

车产业发展提供了良好环境。未来，随着中南、华东地区新能源汽车发展水平的不断提升，其新能源汽车产业规模占比也将逐年提高，预计2024年华东和中南地区新能源汽车产业规模占比将分别达到49.5%和36.6%（见图25-3）。

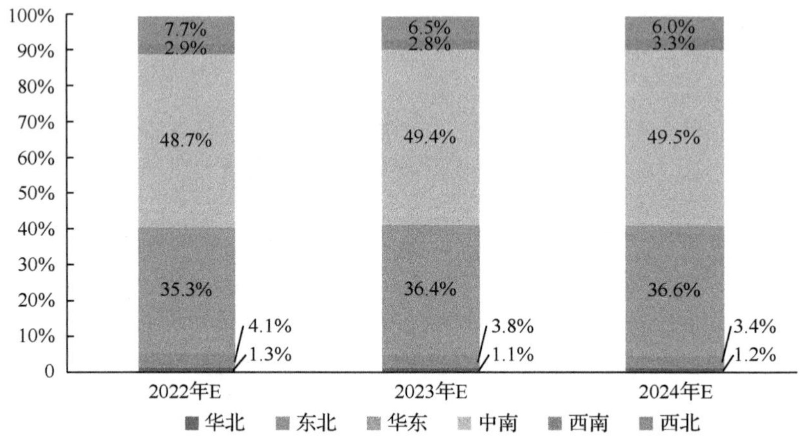

图25-3　2022—2024年中国新能源汽车产业结构预测

数据来源：赛迪顾问　2022年2月

（二）主要趋势

1. 智能化、个性化服务将成为新能源汽车产品差异化竞争的关键

新能源汽车是现阶段最适合进行智能化的载体，智能科技将成为新能源汽车发展的新机遇。随着智能化技术与汽车持续深入融合，新能源汽车将由单纯的交通工具向智能“移动空间”发展。未来，除传统整车企业、供应商和经销商外，人工智能、芯片、大数据、房地产、信息通信技术等各类型企业将不断融入新能源汽车产业，产业竞争也将进一步加剧，智能化、个性化服务将成为新能源汽车产品差异化竞争的关键，有利于各新能源汽车企业争夺市场份额。

2. 新能源汽车产业价值链向产业链下游大幅延伸

新能源汽车产业价值链将从传统汽车的聚焦“制造”转变为聚焦“新制造+新服务”。其中，新制造包括低碳化、智能化、网络化的相关新技术产品和智能制造，新服务不仅包括研发设计、采购物流、销售及售后等环节，还将在上述环节中更多地融入云计算、大数据、人工智能等新一代信息技术，从而产生众筹众包、软硬分离等新开发模式，分散式制造、模块化分工等新制造模式，用户画像、精准营销等新营销模式，汽车共享、自动驾驶、用户生命周期服务等新使用模式。汽车产业价值内涵也向着服务端，尤其是出行领域扩展，产生巨大价值增量空间。

3. 新能源汽车动力电池行业集中度将继续提升

新能源汽车动力电池行业具有较高的技术壁垒与市场壁垒，2021 年，动力电池行业集中度较高，行业内前五名的企业装机量总和占行业总装机量比重超过 80%。2022 年，动力电池行业集中度将进一步提升，头部新能源汽车动力电池企业在过去一段时间内通过吸收大量资本进行动力电池产业链上下游延伸布局，以增强自身供应链稳定性，夯实自身快速发展基础；缺少核心竞争力的动力电池中小厂商受技术、资本等方面多重限制，或将逐步被挤出动力电池市场。

二、智能网联汽车

智能网联汽车，即 ICV，是指通过搭载先进传感器、控制器等装置，运用人工智能、5G 通信等新技术，具有自动驾驶功能，逐步成为智能移动空间和应用终端的新一代汽车。2021 年，中国智能网联汽车产业继续保持高速增长态势，增速为 53.1%，产业规模为 4005.3 亿元。未来，随着智能网联技术的进步、产品的迭代升级及普及率的逐步提高，智能网联汽车产业规模将继续高速增长，预计在 2024 年达 13120.4 亿元。

（一）产业规模与结构预测

1. 2024 年产业规模有望突破 13000 亿元

《智能网联汽车技术路线图 2.0》是定调未来 15 年技术路线的顶层设计文件，指出到 2025 年，中国 PA（部分自动驾驶）、CA（有条件自动驾驶）级智能网联汽车销量占当年汽车总销量比例将超过 50%，高度自动驾驶汽车将在特定场景和限定区域实现商业化应用，并不断扩大运行范围。在新型基础设施建设不断推进、5G 商用加快发展、车辆电动化加速发展等因素推动下，中国智能网联汽车产业将继续高速增长，预计到 2024 年，产业规模将达到 13120.4 亿元（见图 25-4）。

2. 联网环节占比最高，后市场环节和云端环节产业规模占比将逐步提升

在中国智能网联汽车产业结构中，联网环节在未来几年中仍具有最大的产业规模，预计到 2024 年产业规模占比为 24.4%（见图 25-5）。云端环节可

为车辆提供高精度、低时延、超视距增强安全感知的能力，但目前云端环节的云控基础平台、云控应用平台等核心领域技术体系尚未健全，仍处于产业化前期，未来随着相关技术的迭代升级及智慧城市、基础配套的加速建设，智能网联汽车云端环节将加速发展，产业规模占比将逐步提升，并且随着智能网联汽车的商业化落地，其应用服务生态体系将逐步建立，后市场产业规模占比也将逐步提高。

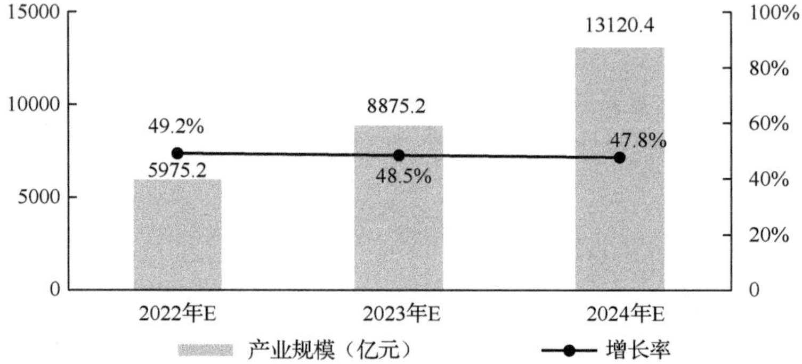

图 25-4　2022—2024 年中国智能网联汽车产业规模与增长率预测

数据来源：赛迪顾问，2022 年 2 月

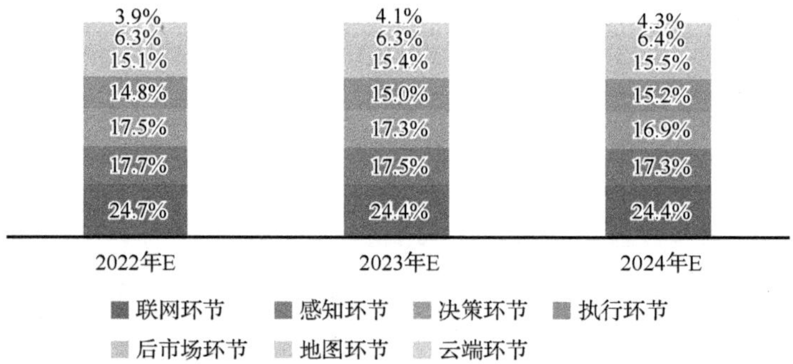

图 25-5　2022—2024 年中国智能网联汽车产业结构预测

数据来源：赛迪顾问，2022 年 2 月

3. 广东、江苏、北京三地的智能网联汽车产业规模占比将逐年提高

得益于丰富的科创资源和良好的汽车产业基础，广东、江苏、北京三地的智能网联汽车产业规模占比较高，未来，随着 3 个地区传统汽车转型升级速度的不断提升，其智能网联汽车产业规模的占比将逐年提高，预计到 2024 年产业规模占比将分别达到 16.8%、15.9%、11.8%（见图 25-6）。

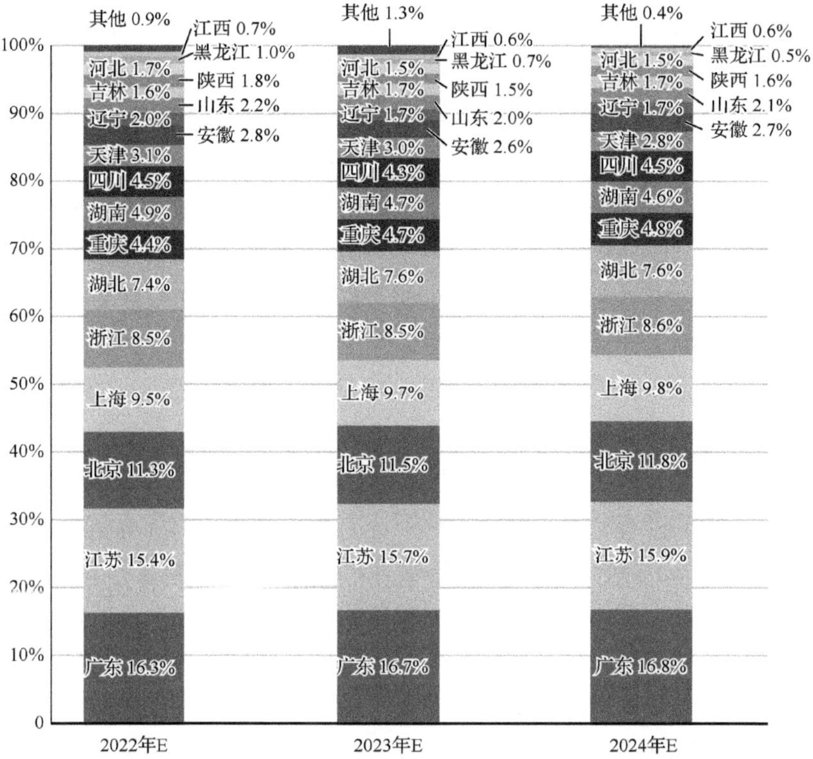

图 25-6　2022—2024 年中国智能网联汽车产业结构区域预测

数据来源：赛迪顾问，2022 年 2 月

（二）主要趋势

1．5G-V2X&无人驾驶，商用车有望率先落地

一方面，目前硬件成本是阻碍智能网联汽车商业化落地的主要因素之一，昂贵的硬件成本对于未有明确盈利需求的乘用车而言较难接受，而商用车作为生产资料，对降低运营成本、提高效率的需求一直存在，智能网联商用车具有降低人力成本和燃油成本、增加商业运营时间、提升货运安全性等优势，更容易产生经济效应，形成商业模式；另一方面，商用车一般行驶于固定线路、封闭园区、高速公路，行驶环境相对简单、道路条件较好，更容易实现车路协同发展；同时，商用车的体积较乘用车更大，更易于布置传感器，且得益于商用车的车身高度，传感器的探测距离更远，行驶安全性更高。

2．LTE-V2X 将向 5G-V2X 平稳过渡，成为技术主流

C-V2X 是基于 4G/5G 等蜂窝通信技术演进形成的车用无线通信技术，

包含LTE-V2X和5G-V2X，支持全部4类V2X应用，V2I、V2V、V2P均可通过C-V2X的公众网络通信（Uu）及直连通信（PC5）实现。现阶段，中国无线通信技术以LTE-V2X为主，未来随着5G网络的加速发展，5G具备的高传输、低延时、高稳定等技术特性可支持智能网联汽车实现远端驾驶、编队行驶、扩展传感器等功能，可满足智能网联汽车的多样化业务需求。因此LTE-V2X将向5G-V2X平稳过渡，成为技术主流。

3. 智能网联汽车电子电气架构将向域集中架构、基于中央计算机的集中式电子电气架构方向发展

汽车电子电气架构是通过物理层面的布置，转化和处理车辆行驶信息，为汽车电子电气设计提供整体解决方案。随着智能网联汽车的发展，车辆搭载的电子控制单元数量持续增加，与云端、第三方App的交互信息量也逐步提高。在传统的分布式电子电气架构下，车辆智能功能的升级依赖ECU数量的累加，因此面临研发和生产成本剧增、安全性降低、线束布置过于复杂、算力不足等问题，无法满足现阶段智能网联汽车发展的需求。域集中架构和基于中央计算机的集中式架构将汽车电子系统根据功能分为若干个子模块，可在降低架构复杂度的同时提高系统算力，让汽车软件实现即插即用，具备可持续迭代升级能力，可进一步推动智能网联汽车产业向低延时、可升级、万物互联方向发展。因此，域集中架构和基于中央计算机的集中式电子电气架构是智能网联汽车电子电气架构发展的重要方向。

三、机器人

机器人是推动制造业高质量发展、改善人类生活方式和帮助人类执行危险任务的重要抓手。从机器人产业各分类的发展来看，工业机器人领域国产零部件与国外先进产品的综合性能差距进一步缩小，协作机器人和移动机器人应用规模快速扩大，服务机器人目前经济效益较好，产品持续开发推动应用场景更加多样和深入，特种机器人整体处于发展初期，随着关键技术的不断突破，产业增长潜力将逐渐得到释放，各个环节的快速成长将共同助力机器人产业高质量发展。

（一）产业规模与结构预测

1. 2024年中国机器人产业规模有望突破4千亿元

中国国民经济持续恢复发展为机器人产业创造了良好的发展环境，人力

资源供求关系紧张推动机器人应用需求不断提高，机器人新技术新场景的不断发展为产业带来新增长。总体来看，中国机器人产业再度进入快速增长期，未来 3 年中国机器人产业规模将持续快速增长，预计到 2024 年产业规模有望突破 4000 亿元（见图 25-7）。

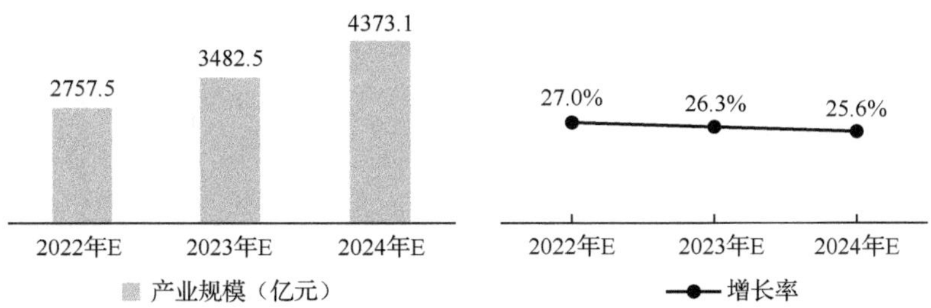

图 25-7　2022—2024 年中国机器人产业规模及增长率预测

数据来源：赛迪顾问，2022 年 2 月

2. 服务、特种机器人产业规模占比不断提高

当前，工业机器人在中国机器人产业中占据主要地位，服务机器人正步入快速发展期，特种机器人整体处于关键技术研发和产品开发阶段，产业规模相对较小。随着机器视觉、人工智能等技术的不断成熟和应用场景的不断丰富，服务、特种机器人发展潜力巨大。未来 3 年，中国服务机器人、特种机器人产业规模将保持高速增长（见图 25-8），预计到 2024 年，中国服务机器人、特种机器人产业规模合计占比将增至 28.6%。

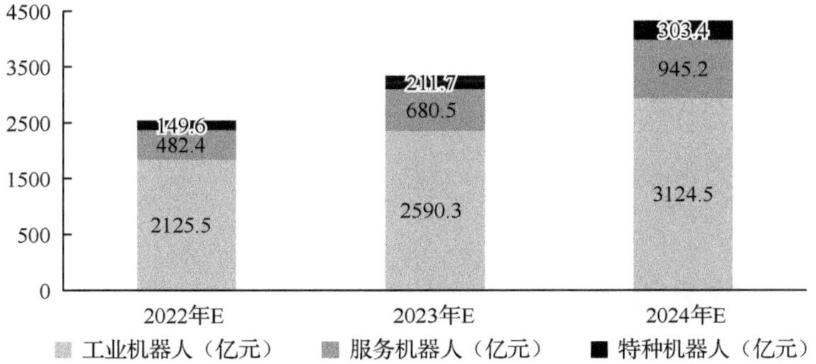

图 25-8　2022—2024 年中国机器人产业结构预测

数据来源：赛迪顾问，2022 年 2 月

（二）主要趋势

1. 工业机器人着力向中高端市场进发

经过多年的快速发展和持续创新，中国工业机器人产业已经具备了一定的规模和实力，未来将以高端化、智能化为导向，着力向中高端市场进发。在关键零部件及软件环节中，新技术的开发和落地将不断加速，RV 减速器等关键产品的制造技术将成为行业攻关的重点，高端控制器、伺服驱动系统产品的开发将不断提速，谐波减速器的产能将持续扩大。在本体制造环节中，中国机器人整机性能将以国际先进水平为目标不断优化提高，同时，机器人的稳定性和安全性也将持续提升。在系统集成环节中，工业机器人系统解决方案供应商将逐步进军高端应用市场，着力打造专业化、定制化的解决方案并复制推广。

2. 服务机器人应用规模将快速扩大

近年来，中国服务机器人技术逐渐成熟，新产品不断涌现，消费者接纳度不断提高，未来中国服务机器人应用场景将更加丰富，应用规模将快速扩大，拉动产业持续高速增长。在农业机器人、矿业机器人、建筑机器人、手术机器人等领域，关键技术正处于研发和转化的关键阶段，未来数年有望逐步量产和推广应用。在家用服务机器人、公共服务机器人、养老助残机器人、护理机器人等领域，随着技术的成熟和生产规模的扩大，产品价格将逐步降低，这将进一步促进市场需求的扩大，从而带动产业高速发展。

3. 特种机器人产品实用性将不断提高

目前，中国特种机器人产业规模较小，整体处于发展初期。未来，随着机器视觉、人工智能等关键技术的不断突破和应用，特种机器人将能够识别、分析和处置更加复杂的任务，适应更加特殊、危险的工作环境，特种机器人替代人执行任务的功能将更加完善，需求量将快速增长，从而带动中国特种机器人产业发展逐步提速。

四、数控机床

随着国家层面数控机床产业支持政策的陆续出台，以及数控机床下游新兴行业的兴起，中国数控机床产业将呈现良好发展态势。预计到 2024 年，中国数控机床产业规模有望突破 4400 亿元，新兴技术交叉融合将加速推动数控机床向智能化、绿色化转型，新需求催生的新型供需关系也将推动供需双方更加深度融合。

（一）产业规模预测

近年来，中国不断加强数控机床关键核心技术攻关，努力打造原创技术“策源地”，数控机床产业的重要性日益提升，有望迎来加速发展态势。预计到 2024 年，数控机床产量将达到 103.9 万台，产业规模将达到 4420.3 亿元（见图 25-9）。

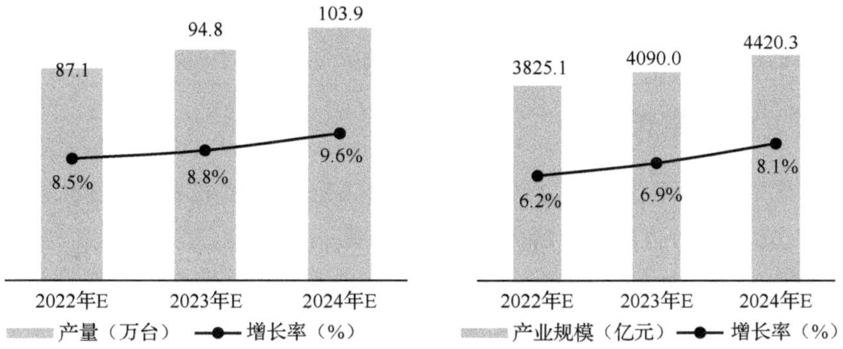

图 25-9　2022—2024 年中国数控机床产业规模与增长率预测

数据来源：赛迪顾问，2022 年 2 月

（二）主要趋势

1. 新兴技术交叉融合加速推动数控机床向智能化、绿色化转型

人工智能、绿色节能等新兴技术加速与数控机床深度融合，推动数控机床产品朝着智能化、绿色化转型。一方面，通过利用人工智能技术，开发并搭载新的数字控制和智能化伺服系统，在加工过程中引入自适应控制、智能主轴加减速、智能热控制、智能故障和溯源诊断等功能，改善机床动态加工性能，提高生产效率和加工精度。另一方面，随着日趋严格的环境与资源约束，绿色节能等新技术的广泛应用正逐步开启数控机床的绿色制造新模式，利用新材料、新一代节能系统等可使数控机床结构轻量化、耗能最低化。

2. 新需求催生的新型供需关系将推动供需双方更加深度融合

随着制造业加工需求的日益复杂，个性化、定制化及批量化需求不断增大，数控机床企业正向着更加重视产品的集成化技术、复合加工技术、设备全生命周期服务等方向发展，数控机床制造加工正不断向全系统、全生产线的智能化转变。数控机床企业通过数字化系统解决方案、设备全生命周期等全流程的专业服务，与客户逐步建立密切的新型供需关系，新型供需关系将促进双方聚焦研发模式和商业模式，建立探索共创、共享、共用的生态圈。

3. 集群模式将成为数控机床产业竞争格局优化的重要手段

目前，中国数控机床已初步形成了产业集群区，但仍呈现出小集中、大分散的分布特征。随着制造强国建设的不断推进和先进制造业产业集群的高质量建设，未来，集群化发展模式将成为数控机床产业竞争格局优化的重要手段，并逐渐以龙头企业为核心，吸引技术孵化、资金服务、生活配套等产业相关配套企业，实现数控机床产业集群的产业链补链和延伸。

五、商业航天

在未来全球商业航天发展中，火箭与太空应用、降成本和信息化将成为关键词。运载火箭将在航天器运载设备中长期占据核心地位，支持太空旅游、太空运输、行星探索等太空应用顺利开展。得益于卫星小型化、标准化和智能化制造，卫星研制和部署成本降低、速度加快，结合火箭回收技术和中大型火箭研制，商业航天基础设施成本进一步降低，都将使航天产业越来越适合于商业化运作，进一步吸引企业和资本机构进入。

（一）产业规模预测

云计算、大数据、物联网、人工智能等信息技术的迅猛发展，开启了卫星应用新时代。预计未来10年将是中国商业航天产业发展黄金时期。到2024年，中国商业航天产业规模预计将达11000亿元（见图25-10）。

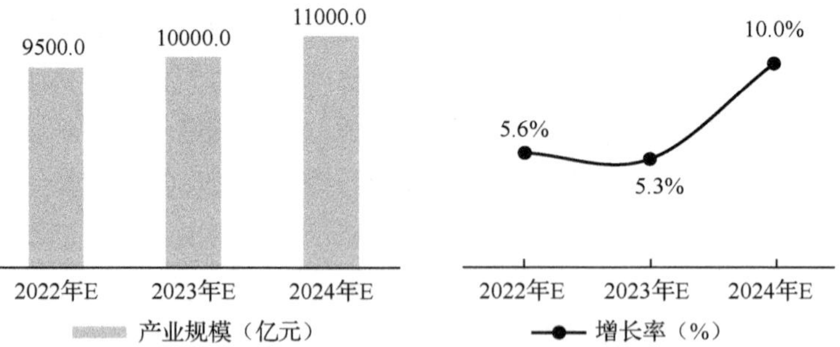

图25-10　2022—2024年中国商业航天产业规模与增长率预测

数据来源：赛迪顾问，2022年2月

（二）主要趋势

1. 低轨卫星星座涌现建设浪潮

低轨卫星具有体积小、重量轻、通信时延短、移动快、遥感成像清晰等特点。“十四五”规划明确要求加快建设数字化发展，以数字化转型整体驱动网络强国建设，卫星互联网、北斗导航、卫星遥感测绘、智慧交通、智慧物流、智慧能源及智慧城市等数字化应用场景领域对低轨卫星数据的需求与日俱增，未来卫星研制运营发展主要聚焦于低轨卫星星座建设。欧美在该领域处于全球领先水平，美国 SpaceX 将用 1.2 万颗宽带低轨卫星实现全球宽带互联网覆盖，目前已累计发射了 1145 颗卫星；英国 OneWeb 至今已累计发射 110 颗卫星；亚马逊为太空互联网项目“柯伊伯”规划了 3236 颗卫星；加拿大 Telesat 提出了近地轨道卫星网络项目，预计发射 298 颗卫星。中国正处于初步发展阶段，信威通信产业与清华大学共同研制了“灵巧通信试验卫星”并计划发射 32 颗卫星组成“星座”。作为国内商业航天的探路者，九天微星采用窄带低轨卫星为万物互联搭建天桥。银河航天自主研发制造的银河航天首发星成功发射，是中国通信能力最强的低轨宽带通信卫星。

2. 低成本火箭发射服务应用前景广阔

在运载火箭方面，未来发射服务重点将向火箭全回收重用和一箭多星发射两个方面发展，以进一步降低发射成本。目前，国际电信联盟已收到数十份文件，涉及数万颗卫星轨道和无线频段使用申请，提供经济快速的发射服务是未来商业航天的主要赛道之一。在火箭全回收重用研制方面，美国商业公司 SpaceX“猎鹰”火箭、蓝色起源“新谢泼德”运载器已实现一级火箭的动力垂直回收，北京凌空天行研制并发射了一款水平回收技术验证火箭，中国航天科技集团的长征八号运载火箭首飞成功，在《2017—2045 年航天运输系统发展路线图》中，规划长征火箭将在 2035 年实现运载火箭完全复用；在一箭多星发射研制方面，美国、俄罗斯、中国、印度、日本、欧洲航天局已基本掌握一箭多星发射技术，但由于市场需求和轨道定位问题，一箭多星发射服务在商业航天领域尚未形成规模化和产业化，仍存在较大发展和投资空间。

3. 天地互联网全面融合进入一体化协同发展时代

地面移动通信 5G 正在快速推进全球商用，但无法覆盖地球的每一个区域，如偏远地区、飞机、海上船只等。随着低轨卫星星座建设成本降低、开发周期缩短、迭代速度加快，卫星通信与地面移动通信进入全面融合、天地一体化协同发展的新阶段，涌现出发展天基互联网的高潮。在不远的将来，数以千计的低轨道卫星与地面通信相融合，既可以进行通信，也可用作厘米级定位增强、导航服务，在极大提升资源利用效率的同时，也让商业航天有了更广阔的市场空间。

六、无人机

未来几年，随着无人机关键技术的持续突破，应用场景探索与推广的逐步深入，中国无人机产业规模将保持20%左右的较快增长速度，预计到2024年产业规模有望突破 1170 亿元。随着无人机在专业化场景中应用的逐步深入，工业级无人机规模占比将逐步提升。预计到 2024 年，工业级无人机规模将达到750亿元，未来3年年均增速预计达到23%左右，消费级无人机规模将达到420亿元，未来3年年均增速预计达到18%左右。

（一）产业规模与结构预测

1. 2024年产业规模有望突破1170亿元

未来几年，随着无人机关键技术的持续突破、应用场景探索与推广的逐步深入，中国无人机产业规模将保持20%左右的较快增长速度，预计到2024年产业规模有望突破1170亿元（见图25-11）。

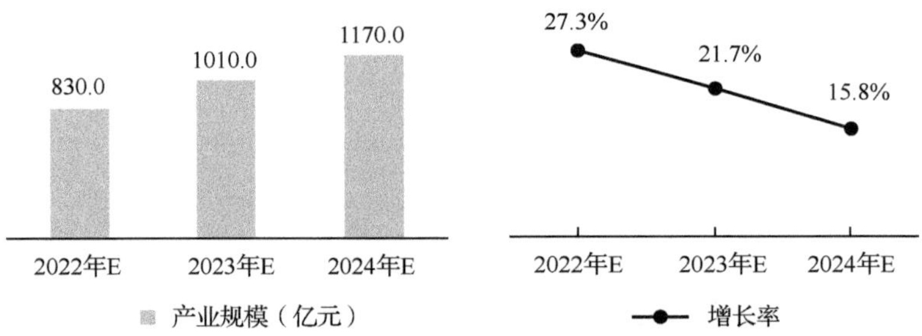

图25-11　2022—2024年中国无人机产业规模与增长率预测

数据来源：赛迪顾问，2022年2月

2. 产业结构持续向工业级无人机倾斜

随着无人机在专业化场景中应用的逐步深入，工业级无人机规模占比将逐步提升。预计到2024年，工业级无人机规模将达到750亿元(见图25-12)，未来3年年均增速预计达到23%左右，消费级无人机规模将达到420亿元，未来3年年均增速预计达到18%左右。

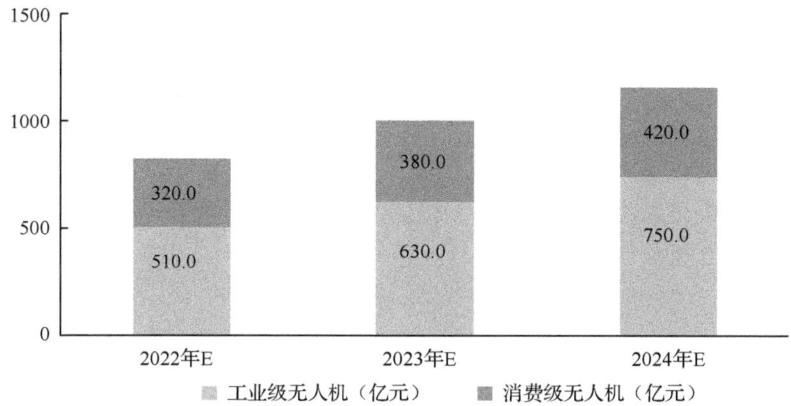

图 25-12　2022—2024 年中国无人机产业结构预测

数据来源：赛迪顾问，2022 年 2 月

（二）主要趋势

1. 无人机系统信息安全将成为用户关注的新性能

无人机系统信息安全是指针对无人机搭载的信息系统所建立的安全保护，主要包括保护系统硬件、软件及通信过程中的数据准确性、完整性和保密性。近年来，随着无人机在相关活动表演中遭遇恶意干扰导致的信息传输过程中断等情况出现，信息安全问题成为用户关注的重点。未来，随着无人机在各类专业场景中的深入应用，无人机将越发频繁地参与到用户的生产经营活动或警方的执法活动当中，相关数据和信息的安全性将变得极为重要，工业级无人机的信息安全水平将成为用户关注的“新性能”。

2. 无人机动力系统或将成为突破应用瓶颈的新焦点

无人机动力系统是保障飞行稳定性、飞行时长及各类功能载荷可搭载空间和重量的核心制约因素。当前，无人机飞行平台对飞行重量、飞行时长均较为敏感，针对部分行业应用领域，在执行工作任务时需根据任务载荷重量规划工作计划，在一定程度上制约了工作最优路径和最大效率的实现。同时，随着新一代信息技术与无人机深度融合，无人机或将从数据采集端转变为“数据采集+处理载体”，这一改变或将对动力系统的电能供应能力和无人机的载荷能力提出进一步的要求。更大任务载荷搭载能力和更丰富的电能供应能力均对无人机动力系统提出了更高的要求，未来其或将成为突破应用瓶颈的新焦点。

3. “无人机+系统方案”或将成为消费与应用的新体验

“无人机+系统方案”在多类应用场景中的应用或将成为满足占用用户需

求的新体验，以极飞科技为例，其充分发挥自身对农业应用场景的理解，通过“农业无人机+无人车”等硬件装备完成撒肥、播种、施药等任务，通过遥感无人机、农业物联网设备和智能农业系统完成农田监测和统计分析任务，建立了农业无人机、农业无人车、农业物联网设备和智慧农业系统等在内的一整套系统解决方案。另外，在消费领域，比亚迪于 2020 年成立了无人机公司，汽车与无人机的消费模式正在孕育，未来，智能网联汽车、无人机、无人艇之间的融合或将带来新的消费体验。

七、轨道交通装备

从国内来看，中国轨道交通装备产业整车装备增长稍显乏力，零部件及维保后市场服务呈现逆势增长；头部企业的技术研发能力持续增强。此外，中国轨道交通装备产品在全球产业链、供应链不稳定的情况下实现稳定供应，国际认可度明显提升。在国家战略部署及技术研发能力提升等因素的驱动下，未来中国轨道交通装备产业规模将不断扩大，预计 2024 年将达到 7731.3 亿元。

（一）产业规模与结构预测

1. 2024 年产业规模有望达到 7731.3 亿元

中国轨道交通装备产业在国家“十二五”“十三五”规划政策支持下发展成效显著，市场逐步趋向饱和。2021 年，全国铁路完成固定资产投资 7489 亿元，同比减少 4.2%，是 8 年来的最低值。随着国内轨道交通规划布局的完善，轨道交通装备产业未来增速将逐步放缓，预计到 2024 年，产业规模有望达到 7731.3 亿元（见图 25-13）。

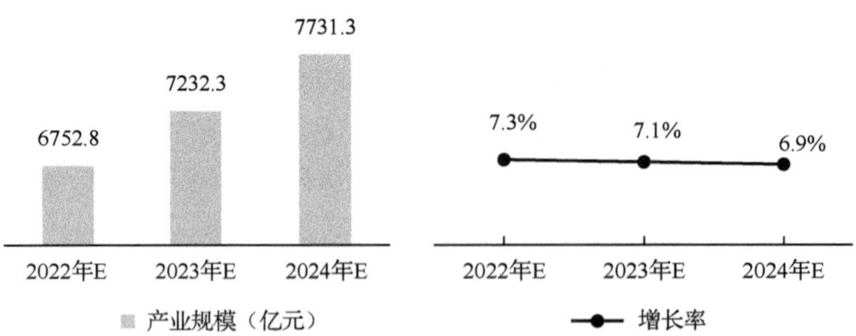

图 25-13　2022—2024 年中国轨道交通装备产业规模与增长率预测

数据来源：赛迪顾问，2022 年 2 月

2. 轨道交通装备产业结构仍将保持稳定增长

总体来看，中国轨道交通装备产业结构较为集中稳定，未来轨道交通装备产业将逐步稳定复苏并增长。预计到 2024 年，整车装备规模将达到 2371.3 亿元，轨道交通装备零部件规模将达到 2927.2 亿元，运维服务装备规模将达到 2432.8 亿元（见图 25-14）。

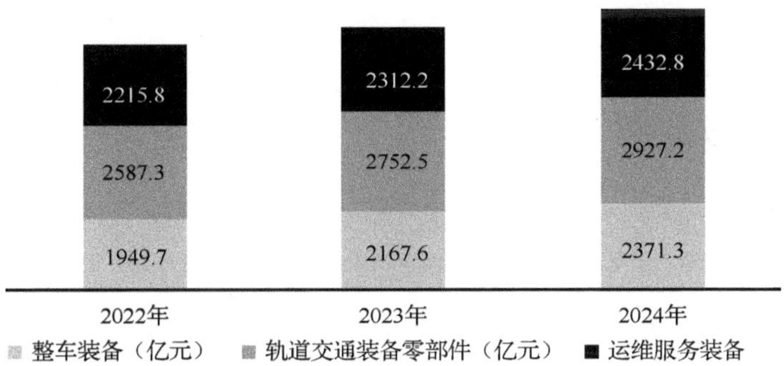

图 25-14 2022—2024 年中国轨道交通装备产业结构预测

数据来源：赛迪顾问，2022 年 2 月

（二）主要趋势

1. 新技术造就产业未来发展新趋势

随着现代自动控制技术、计算机和网络技术、数字通信技术的进步，自动化与智能化是未来轨道交通装备产业的发展趋势。在自动化方面，列车自动行驶、精确停车、站台自动化作业、无人折返、列车自动运行调整等自动化功能可实现无人运营，能够提升列车运营效率、有效降低运营成本。在智能化方面，国内企业研发了全电子联锁、主动式障碍物检测系统、信号 ATS 子系统与智能综合监控系统将实现深度融合并投入使用。

2. 高铁“走出去”战略带动国际化产业输出

目前，我国轨道交通装备产业体系较为完备，是中国高端装备制造领域中科技创新程度高、国际竞争力强、产业带动效应明显的领域之一。随着“中欧班列”“中老铁路”的开通，以高铁为代表的中国铁路已成为中国制造的亮丽名片。中国高铁“走出去”对中国高科技产业输出起到引领作用，同时将带动中国轨道交通装备产业走向国际化。随着《区域全面经济伙伴关系协定》的签署，亚太地区将成为当前世界上人口最多、经贸规模最大、最具发展潜力的自由贸易区，区域互联互通的大趋势将有效带动中国轨道交通装备产业的出口。

3. 轻量化产品占据产业竞争优势

随着绿色发展观念的不断深入，世界各国致力于推动低能耗低排放交通工具的发展，轻量化已成为未来交通运输装备制造业发展的必然趋势。在轻量化产业发展新形势下，各大交通运输装备制造商纷纷推动高强钢、轻合金、碳纤维复合材料及工程塑料等新型轻质材料的大规模应用，解决材料应用过程存在的成型、连接技术及工艺问题，降低新材料应用成本，以期在竞争中尽快占据优势地位。

八、工业电商

随着数字经济的快速发展，新一代信息技术与制造业将进一步深度融合，由于工业电商具有促进供需及时对接、缩短采购时间、降低采购成本等优势，因此工业电商将受到更多工业企业和投资机构的青睐，其市场规模也将进一步扩大。

（一）产业规模与结构预测

1. 2024 年，中国工业电商平台交易规模预计达到 18.4 万亿元

随着中国制造业规模进一步扩大，新一代信息技术与制造业进一步融合，工业电商平台应用将持续深入，交易规模将继续扩大，预计到 2024 年，中国工业电商平台交易规模将达到 18.4 万亿元（见图 25-15）。

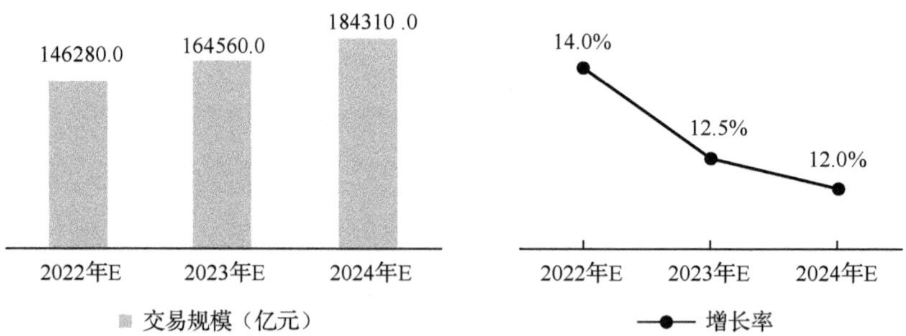

图 25-15　2022—2024 年中国工业电商交易规模与增长率预测

数据来源：赛迪顾问，2022 年 2 月

2. 直接物料电子商务平台交易规模领先，MRO 电子商务平台交易规模有所提高

直接物料电子商务平台交易钢铁、建材、石油等大宗商品，交易规模大，

在中国工业电商平台交易规模中将始终占据主导地位。随着 MRO 电子商务平台商业模式进一步创新，MRO 商品线上交易规模将逐年增长。能力资源电子商务平台仍处于探索和起步阶段，随着政策加码和市场关注度提高，以“共享制造”“协同制造”为代表的能力资源交易规模将逐渐增长。如图 25-16 所示为 2022—2024 年中国工业电商平台交易结构预测。

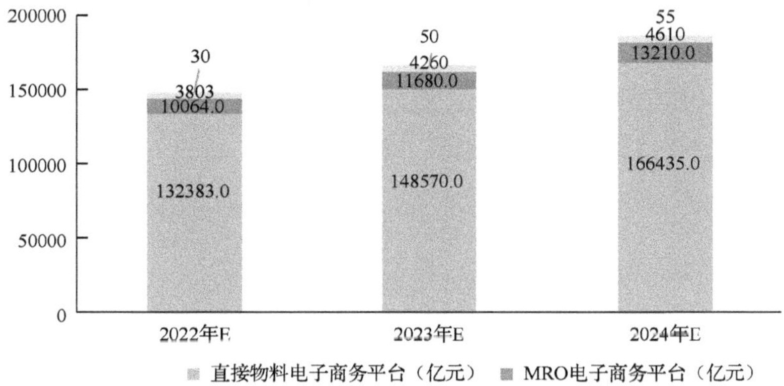

图 25-16　2022—2024 年中国工业电商平台交易结构预测

数据来源：赛迪顾问，2022 年 2 月

（二）主要趋势

1. 交易生产能力、资源的工业电商平台将进一步扩大规模

随着互联网技术的加速发展，共享单车、共享汽车、共享充电宝等共享经济模式不断涌现。近年来，共享经济在制造业中的应用也开始显现，已经出现了运用共享理念将分散、闲置的生产资源集聚起来，弹性匹配、动态共享给需求方的共享制造新模式。与此同时，对接共享制造供需双方的共享制造平台（交易生产能力、资源的工业电子商务平台）加速发展，越来越多的制造能力、仓储能力、质量检测能力等各类闲置生产资源得到充分利用，大幅度提高了社会资源利用率。

2. 工业电商平台将成为区块链技术应用的试验田

工业电商平台以网络为基础，存在交易信息泄露、篡改、伪造等安全问题。区块链具有不可篡改、全程留痕、可以追溯、集体维护、公开透明等特点。将区块链技术应用于工业电商平台，能够避免信息泄露，提高交易安全性和透明度，加强数据安全。目前，区块链电商正作为电子商务领域的新星冉冉升起，在国内外掀起一股新的浪潮。亚马逊（Amazon）、Etsy、艾达链

（Adanos Chain）等国外电商企业都在基于区块链技术打造交易平台，近年来，国内部分电商企业也开始了对区块链技术的探索，如久零网、美德鲜等消费品电商企业。融合区块链技术的工业电商平台将是区块链技术在工业领域应用的一个重要方向。

3. 工业电商结合多重服务场景将助力供应链稳定健康运转

工业电商作为连接供应端与需求端的数字化手段，有望实现供应链上下游全链条协同生产，辅以供应链金融、区域售后服务中心、线下体验店等多重服务场景应用，能够有效提高工业电商平台附加值，汇聚工业生产、管理全要素，有助于供应链稳定、健康、协同运转。

后　记

《2021—2022 年中国智能制造发展蓝皮书》共 5 篇 25 章，是在中国步入高质量发展阶段，加快构建智能制造发展生态，持续推进制造业数字化转型、网络化协同、智能化变革的背景下，面向智能制造及相关产业发展情况的一本专著。本书展现了编写组对重点行业的洞察，对重点区域的分析以及对代表企业的点评，为社会各界人士更好地理解智能制造及其相关产业提供了一个参考。

本书由张立担任主编，秦海林担任副主编，具体章节由张凌燕、赵海朋、杨岭、张业佳、杜若蘅、高超、姚垠国、陶传亮、贾纺纺等编著。综合篇由赵海朋、徐迎雪编著；行业篇及展望篇由张业佳、杨岭、赵海朋、姚垠国、杜若蘅、高超等共同编著，其中，第三章由徐迎雪编著，第四章由张业佳编著，第五章由姚垠国编著，第六章由高超编著，第七章、第八章由赵海朋编著，第九章由杨岭编著，第十章由杜若蘅编著；区域篇由杨岭、张业佳、高超、姚垠国、赵海朋、杜若蘅、常蕾、杜聪共同编著；企业篇由高超、常蕾、焦润青、庄文越、殷守淳、淦馨莹共同编著。赵海朋对全书进行了统稿，张凌燕对全书进行了校审及完善。

本书遵循理论与实践紧密结合、以数据和事实为唯一基准的原则，运用探索性研究、描述性研究、数量分析与系统总体归纳相结合的科学研究方法，对智能制造的发展及其应用进行了深入分析，对未来发展趋势进行了客观预测，最终提出了具有建设性的结论和建议。

研究，还是研究 才使我们见微知著

思想，还是思想 才使我们与众不同

政策法规研究所　规划研究所　产业政策研究所（先进制造业研究中心）

科技与标准研究所　知识产权研究所　工业经济研究所　中小企业研究所

节能与环保研究所　安全产业研究所　材料工业研究所　消费品工业研究所　军民融合研究所

电子信息研究所　集成电路研究所　信息化与软件产业研究所　网络安全研究所

无线电管理研究所（未来产业研究中心）　世界工业研究所（国际合作研究中心）

通讯地址：北京市海淀区万寿路27号院8号楼1201　邮政编码：100846
联系人：王　乐　　　　联系电话：010-68200552　13701083941
传　　真：010-68209616　　网址：http://www.ccidthinktank.com
电子邮件：wangle@ccidgroup.com